양모로 만드는 사랑스러운
리 얼 강 아 지 인 형

양모로 만드는 사랑스러운 리얼 강아지 인형

초판 1쇄 인쇄   2020년 5월 10일
초판 1쇄 펴냄   2020년 5월 15일

지은이 ｜ 박정은
펴낸이 ｜ 김동중

펴낸곳 ｜ 즐거운가
출판등록 ｜ 2015년 7월 23일 제25100-2015-20호
주소 ｜ 서울 중랑구 동일로 569-55
전화 ｜ 070-7542-3673
팩스 ｜ 02-6005-9431
전자우편 ｜ merrydiy@naver.com

©박정은 2020
ISBN : 979-11-957114-9-9 13630

정가 21,000원

파본이나 잘못 인쇄된 책은 구매하신 서점에서 교환해드립니다.

이 책은 저작권법에 따라 보호받는 저작물이므로 무단전재와 복제를 금합니다.
이 책 내용의 일부 또는 전부를 이용하려면 반드시 저작권자와 즐거운가의 서면동의를 받아야 합니다.

이 도서의 국립중앙도서관 출판예정도서목록(CIP)은 서지정보유통지원시스템 홈페이지(http://seoji.nl.go.kr)와
국가자료 공동목록시스템(http://www.nl.go.kr/kolisnet)에서 이용하실 수 있습니다. (CIP제어번호: CIP2020016006)

양모로 만드는 사랑스러운 Needle Felt
리얼 강아지 인형

박정은 지음

지독히도 시간에 쫓기던 시절이 있었습니다.
이삼십대 젊음을 온전히 갈아 넣은 구성작가 시절.
그때는 마치 손가락 사이로 빠져 흐르는 모래처럼,
허공에 사라지는 메아리처럼 공허하고 흐릿한 시간이었습니다.

어쩜 정반대의 삶을 살아가고 있는 요즘,
시계는 천천히 돌아가고, 공들인 시간은 무너지지 않으며,
들숨만 있던 일상엔 날숨이 생겼습니다.

조금 느려도 괜찮아.

양모공예엔 심플한 멋이 있습니다.
바늘과 양모 그리고 작은 스펀지 하나면 뭐든 만들 수 있으니까요.
다만 아주 오랜 시간의 탑을 쌓아야만 합니다.
수천 번, 더는 수만 번에 이르도록 찌르고 다듬어 가는 과정을 반복해야 합니다.
특별하거나 거창한 기술은 필요 없습니다. 그저 한발씩 천천히 내딛기만 하면 됩니다.
화려한 런웨이가 아닌, 소박하고 고요한 길.
양모의 시간은, 느리지만 절대 배신하지 않습니다.
목적지로 가는 그 길은 지친 마음에 꽃을 선물하고,
흐름만이 존재하던 일상을 휘영청 밝혀줍니다.

일상에 쫓기던 나를 되찾아오는 시간.

빨리 걷기에 지쳤다면, 이제 이 책이 따뜻한 위로의 선물이 되어줄 시간.
바늘을 집어 드는 순간 시간을 잊는 마법이 시작됩니다.
찌르는 마디마디, 짧았던 호흡은 깊어지고 일상에 쫓기던 나를 되찾게 될 것입니다.

달릴 필요도, 초조해할 필요도 없습니다.
그저 머릿속에 하나만 떠올리면 됩니다.
언제나 쉴 새 없이 흔들어 대는 꼬리,
내 말 한마디에도 쫑긋 세우는 귀,
늘 나를 향해 있는 맑은 눈동자.
누가 뭐래도 이 세상 최고의 내 편인 사랑스러운 우리 강아지의 얼굴 말이죠.

contents

Part 01 양모공예 시작하기 전에

양모로 우리 집 강아지 만들기 준비물 × 22
　기본 재료와 부자재 × 22
　다양한 추가 도구와 부자재 × 23
　바늘 종류 × 24
　양모 및 기타 섬유 종류 × 25

반려동물 양모공예 기본 테크닉 × 30
　찌르기 × 30
　구 만들기 × 30
　털 섞기 × 31
　털 표현하기 기본 × 32
　털 표현하기 응용 × 35

우리 강아지 생김새 살펴보기 × 38

Part 02 단순하게 만들기 미니어처

비숑 프리제 × 45

슈나우저 × 53

몰티즈 × 63

웰시 코기 × 69

치와와 × 77

 **리얼하게 만들기 전신인형**

전신인형 부위별 만들기 기본방법 × 88

눈꺼풀 × 88 　 귀심 × 90 　 발과 다리(다리심) × 90

발가락 × 92 　 꼬리심 × 95

푸들 × 97

몰티즈 × 109

장모치와와 × 121

스피츠 × 135

샤페이 × 147

포메라니안 × 161

프렌치 불도그 × 169

더 리얼하게 표현하기 × 177

코 × 177

혀 × 180

수염 × 181

Part 04 리얼하게 만들기 *액자*

포메라니안 × 185

요크셔테리어 × 193

Part 05 캐릭터로 만들기 *스탠딩 인형*

스탠딩 인형 기본 형태 만들기 × 204

시츄 × 209

푸들 × 219

비숑 프리제 × 227

스탠딩 인형 소품 만들기 × 234

양모 신발 만들기 × 234

양모 조끼 만들기 × 238

미니 카메라 만들기 × 240

양모 가방 만들기 × 242

Part 06 간단한 소품 만들기 **다양한 소품**

동그랗게 만든 푸들 키링 × 249

동그랗게 만든 양모펜 × 253

납작하게 만든 시바 브로치 × 257

납작하게 만든 마그넷 × 261

Needle Felt

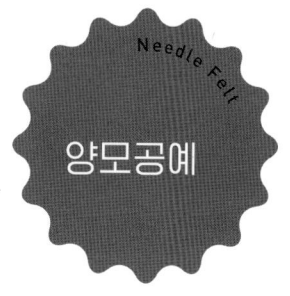

양모공예

시작하기 전에

새로운 시작은 늘 두근대기 마련입니다. 그러나 미지의 세계를 더듬는 것처럼 낯섦, 피로감도 함께 느끼고 있진 않나요?
생소한 용어와 도구, 각양각색의 재료 앞에 서니 왠지 자꾸만 작아지는 나.
낯선 길을 잘 몰라 헤매지 않도록, 재료와 기본 방법부터 차근차근 알아보겠습니다.
사전 답사하듯 조금씩 따라오다 보면 어느새 자신감도 생겨납니다.

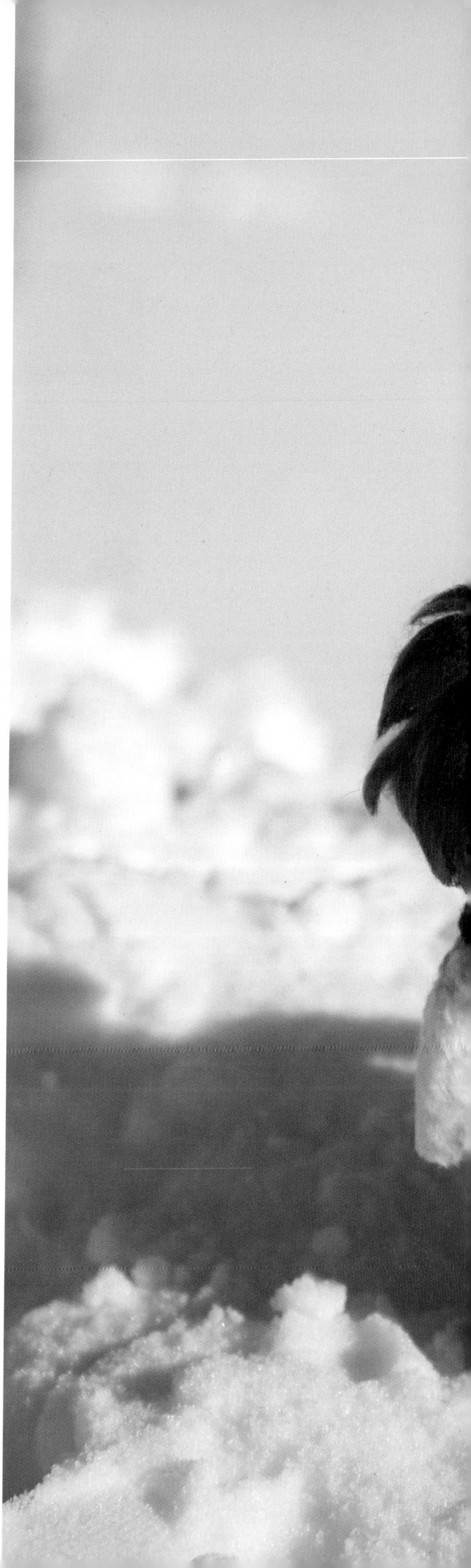

 ## 양모로 우리 집 강아지 만들기 준비물

재료와 도구! 뭐부터 어떻게 사야 해?

사실 양모공예는 기본적으로 바늘과 스펀지 그리고 양모만 있으면 가능한 공예입니다. 하지만, 소위 장비병이란 게 존재하듯 만든 작품이 마음에 안 들면 사용한 재료나 도구를 탓하게 되기 마련이죠. 특히 최근 많은 재료와 부자재가 수입되고, 자체 제작하는 양모까지 생겨나면서 눈은 높아져만 가고 자꾸 지름신의 부추김을 받게 됩니다.

물론 100% 틀린 말은 아닙니다. 다양한 도구와 재료를 사용할수록 작업 속도가 빨라질 수도 있고 또 어느 정도 작품의 퀄리티에 영향을 주는 것도 사실이니까요. 때문에 입문자들은 고민합니다. 호기롭게 좋은 도구와 재료를 잔뜩 샀다가 또 후회하게 되는 건 아닌지, 그래도 어차피 살 거라면 처음부터 좋은 도구와 다양한 재료들을 사는 게 현명한 건 아닌지.

예상했겠지만 정답은 없습니다. 성향은 다 다르고, 상황과 목적도 다를 테니까요. 본 책에선 다양한 종류의 재료와 도구들을 함께 소개하려 합니다. 누군가는 필수 재료만 담아 맛본 후 폭을 넓혀갈 것이고, 누군가는 다양한 재료와 부자재를 구매해 내 손에 맞는 것을 찾아가게 될 것입니다. 선택은 자유입니다.

그리고 이와 별개로 공통된 준비물 두 가지는 다음과 같습니다. '즐거운 마음과 시간'

▽_ 기본 재료와 부자재

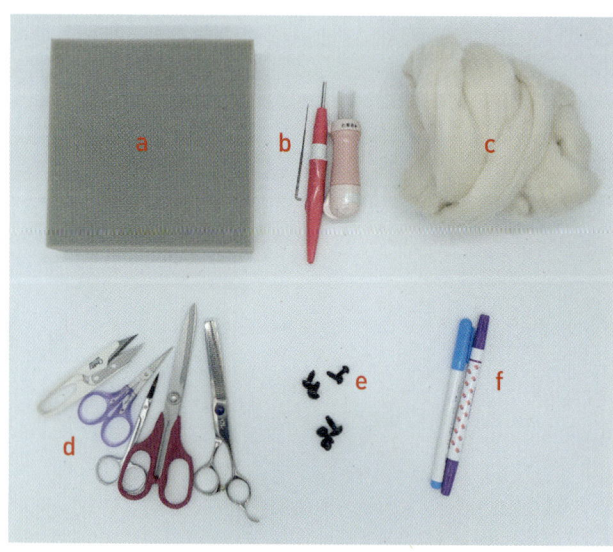

a. **스펀지** 양모를 펠팅 할 때 받침대로 사용한다.

b. **펠트용 바늘** 바늘 끝에 돌기가 있어 양모에 압력을 가해 뭉치게 한다.

c. **양모** 베이스 울, 메리노 울, 믹스 울 등 가공 방법에 따라 다양하다.

d. **가위**(일반 가위, 숱가위, 커브드 가위, 쪽가위) 양모를 자르거나 다듬을 때, 또는 구멍을 낼 때 사용한다.

e. **눈, 코** 단추형 보다는 나사형을 사용한다. 사이즈별로 선택 가능하며 지름 기준 mm로 표기된다.

f. **기화펜, 수성펜** 무늬 선, 눈 위치 등을 표시할 때 유용하다.

▼ 다양한 추가 도구와 부자재

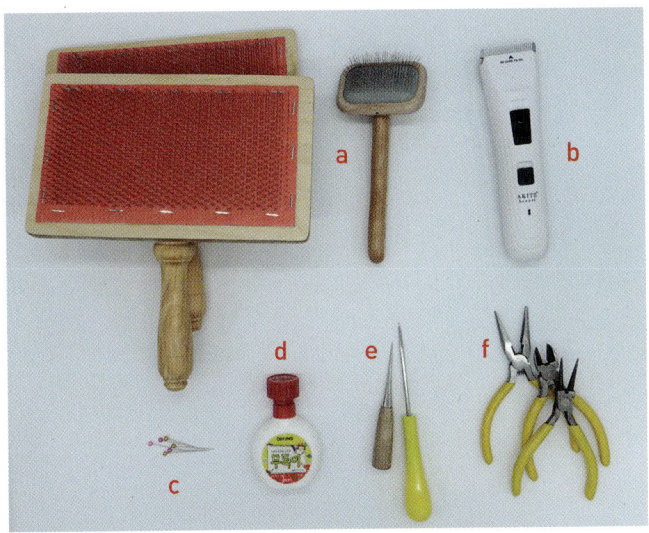

a. 핸드카더, 슬리커 양모를 섞거나 양모 결을 정리할 때 유용하다.

b. 클리퍼 식모가 끝난 뒤 미용할 때 보조적으로 사용한다.

c. 시침핀 귀를 부착할 때 임시 고정용으로 쓴다.

d. 접착제 눈, 코 등을 고정할 때 바르되 소량만 바른다.

e. 송곳 각종 구멍을 뚫을 때 사용한다.

f. 니퍼, 롱로우즈 철사를 자르거나 구부릴 때 사용한다.

g. 다리미 두껍게 펠팅 된 부위를 얇게 만들 때, 잔털을 가라앉힐 때 유용하다.

h. 아크릴물감, 섬유물감, 파스텔 코를 직접 만들거나 눈물 자국, 피부표현 등을 할 때 쓴다.

i. 유광 아크릴바니쉬, 파스텔픽사티브 광택을 표현하는 등 마감제 또는 정착제로 사용한다.

j. 바느질용 바늘 발가락을 나누거나 수염을 표현할 때 사용한다.

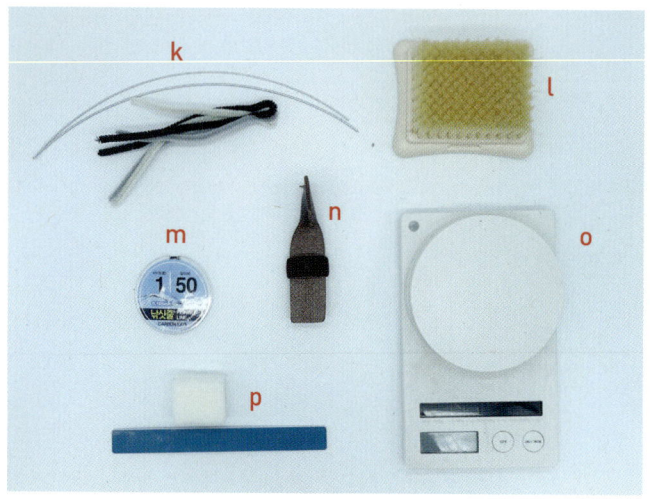

k. 철사, 와이어, 모루 뼈대를 잡는 단계에서 사용한다.

l. 양모솔 귀처럼 얇은 부위 또는 원단에 양모를 심을 때 유용하다.

m. 낚싯줄 발가락이나 수염을 표현할 때 사용한다.

n. 골무 바늘에 손이 찔릴 위험을 줄여준다.

o. 미니저울 양모의 정확한 무게를 측정할 때 사용한다.

p. 사포, 스펀지 코를 다듬거나 물감을 바를 때 사용한다.

▽ 바늘 종류

크게 굵기와 바늘 개수에 따라 분류되며, 저렴한 보급형 바늘과 고급형 바늘이 있다.

▽ 개수에 따라

【 1구 바늘 】 　　　【 3구 바늘 】 　　　【 5~8구 바늘 】

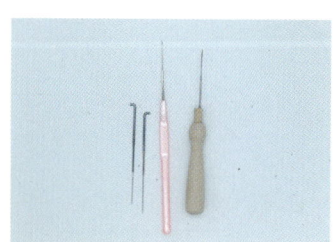　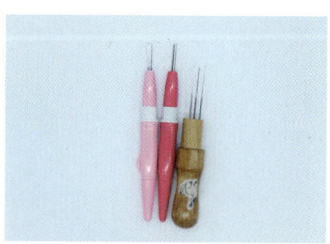　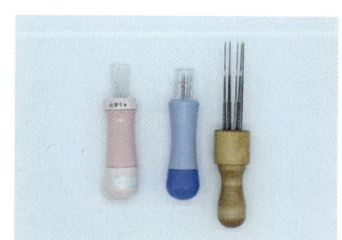

좁은 면적을 펠팅 하거나 섬세한 표현을 할 때 쓴다.

구를 만드는 등 초기 작업이나 넓은 면적을 빠르게 펠팅 할 때 사용한다.

넓은 면적을 펠팅 하거나 다듬을 때 유용하다. 3~8구 바늘이 부러지면 리필 바늘 또는 호환 가능한 바늘로 교체해 재사용이 가능하다.

▼ 굵기에 따라 (1구 바늘)

보급용(길이)	전문가용(게이지)	굵기와 특징	
L	32	↑	처음 양모를 뭉치거나 초기 모양을 잡는 등 빠른 성형작업이 가능하다. 귀, 다리 등을 부착하거나 털을 심을 때도 사용한다. (본 책에서는 '초기 작업용' 바늘로 표기)
L	36	↑	
M	38		
M	40	↓	단단하게 작업한 뒤 섬세함을 필요로 하는 표현 단계에서 주로 사용한다. 라인 작업이나 매끄러운 표현을 할 때, 또 수정을 할 때 유용하다. (본 책에서는 '마무리 작업용' 바늘로 표기)
S	42	↓	
S	43		

▼ 기타 기능성 바늘

【 역바늘(볼륨바늘) 】

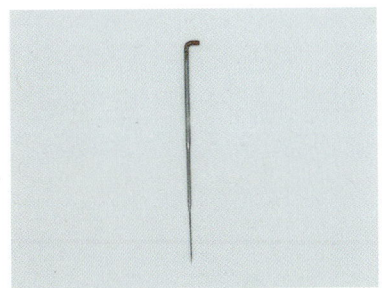

일반 바늘과 모양새는 같으나 돌기가 다르다. 양모를 역으로 뽑아내 털 질감을 살려주는 역할을 한다.

▼ 양모 및 기타 섬유 종류

【 양모솜, 코어울 】

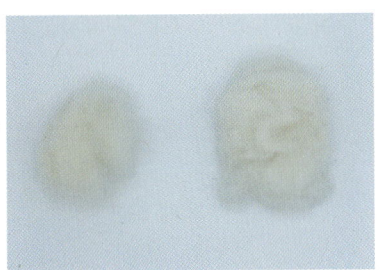

서로 엉킴이 좋아 덩어리를 만들거나 형태를 잡을 때 빠른 작업이 가능하다. 얼굴 및 일정 부위에 볼륨을 줄 때도 사용한다.

【 메리노 양모 】

울 100%로 시중에 가장 많이 판매되는 기본이 되는 양모다. 색이 매우 다채로워 털 표현 외에도 광범위하게 쓰이며 기본 바디를 잡을 때 사용해도 무방하다. 보통 결대로 길게 엮은 로빙 형태로 판매되는 가운데 62수부터 100수 가운데 선택이 가능하며 숫자가 높아질수록 부드럽고 더 섬세한 작업이 가능하다.

【 웨이브 양모, 스트레이트 양모 】

특정 브랜드에서 생산하는 양모로 웨이브 양모는 푸들, 비숑 인형을 제작할 때 유용하며 양모를 엮고 있는 검은색 실 두 가닥은 사용 전 뽑아내고 쓴다. 스트레이트 양모는 말 그대로 곧게 뻗은 털의 표현에 적합하다.

【 스코드울 】

곱슬곱슬 재밌는 모양으로 푸들, 비숑의 캐릭터 표현이나 소품 제작 때 많이 사용된다.

【 내추럴 양모 】

염색하지 않은 자연 양모로 자연스러운 색과 질감이 특징이다. 메리노나 모헤어, 코어 양모 외에도 알파카, 낙타털 등도 가공되어 시중에 판매된다.

【 컬리울 】

윤기가 흐르는 곱슬양모로 푸들이나 비숑 인형 작업 시 섞어 쓰면 리얼함이 더해진다.

【 카딩 양모 】

이불솜처럼 카딩 되어 판매되는 양모로 빠른 펠팅이 가능해 기본 형태를 잡을 때 사용해도 좋다.

【 특수섬유 】

요크셔테리어, 몰티즈 등 메리노 양모만으로는 한계가 있는 털 표현에 좋다. 조금만 섞어 사용해도 광택이 나거나 털 질감이 한결 살아난다. 실크, 밤부, 장미톱 등 종류도 다양하다.

Tip. 우리 강아지 인형 양모 고르기

1. 강아지 털의 형태를 확인한다.
직모 : 메리노울 또는 스트레이트 중에 선택
곱슬 : 웨이브 양모나 컬리드울 중 선택

2. 털(바탕색 & 무늬색)과 유사한 색의 양모를 찾는다.
크림 계열
베이지 & 브라운 계열 } 가장 비슷한 색의 양모 선택하고, 없으면 여러 색을 혼합해 사용
블랙 & 그레이 계열

3. 질감을 확인해 필요한 경우 보완한다.
거칠거나 윤기가 조금 흐르는 정도 : 일반 메리노울
광택이 뚜렷한 경우 : 실크, 밤부 등 특수섬유 추가

 형태를 잡을 땐 보통 베이스울, 코어울을 많이 사용하나 일반 메리노울이나 이불솜처럼 카딩 된 울을 사용해도 좋다. 다만 색상 선택에 신경 쓸 필요가 있는데 만들고자 하는 강아지의 모색과 유사한 계열의 옅은 색을 선택하는 것이 좋다. 특히 블랙 계열은 상반된 색으로 형태를 잡을 경우 완성 단계에 갔을 때 자칫 지저분해질 수 있으니 주의한다.

푸들과 비숑 등 곱슬모 인형 제작 땐 특정 브랜드에서 판매하는 웨이브 양모를 많이 사용한다. 다만 색상이 한정적(크림, 연베이지, 베이지, 붉은갈색, 그레이, 블랙)이므로 메리노울을 섞어 색 표현력을 높이거나 컬리드울을 섞어 질감 표현을 끌어올리는 것도 좋다.

장모이자 직모일 때에는 70수, 80수의 메리노울을 선택하거나 특정 브랜드에서 판매되는 스트레이트 양모를 사용해도 좋다.

Tip. 재료 구매는 어디서 할까?

예전과 비교해 온·오프라인에서 다양한 재료 및 부자재를 쉽게 구매할 수 있게 되었습니다. 특징이 뚜렷한 이 세 곳 외에도 여러 판매처가 있으니 다양하게 경험해 보고 나에게 맞는 재료와 도구를 찾아 나가길 바랍니다.

마이펫돌

대한반려동물협회(KPCA)에서 운영하는 판매 사이트이다. 다양한 색상의 메리노울을 비롯해 기본적인 재료와 부자재를 두루 갖추고 있으며 반려동물인형 자격증 및 다양한 교육과정도 진행 중이다.

온라인 쇼핑몰 · http://www.mypetdoll.com

스튜디오분트

자사만의 특수 가공 방식을 통해 높은 퀄리티와 양모의 다양성을 갖춘 프리미엄 양모 및 위빙 부자재 전문 사이트이다. 직접 카딩한 다양한 종류의 양모 및 특수섬유들이 눈길을 사로잡는다.

온라인 쇼핑몰 · https://www.studiobunt.com

태양이네

양모를 직접 눈으로 보고 고르고 싶다면 이곳으로 가자. 다양한 브랜드의 동물전용 양모와 전문 도구 등 인형 재료와 각종 부자재를 오프라인에서 저렴하게 만날 수 있는 곳이다. 물론 먼 곳에 있거나 시간이 없다면 온라인 쇼핑몰을 이용하면 된다.

온라인 쇼핑몰 · https://www.etaeyang.com
오프라인 매장 · 동대문종합시장 A동 5048, 5049호

반려동물 양모공예 기본 테크닉

꼭 필요한 기본 방법은?

모든 공예가 그러하듯 무조건 그대로 따라할 필요는 없습니다. 이 책에서 설명하는 것이 꼭 정답도 아닙니다. 다만, 안전과 시행착오를 줄이는 데 도움이 되었으면 하는 바람으로 강아지 양모인형을 만드는데 기초가 되는 방법을 정리했습니다. 모든 것이 경험에서 쌓이듯 설명하는 테크닉을 토대로 나만의 방법을 차근차근 찾아가기 바랍니다.

▽_ 찌르기

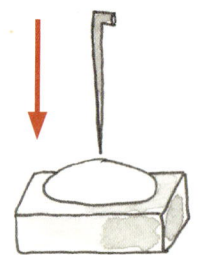

초보자라면 되도록 위에서 아래로 수직이 되도록 찔러야 바늘이 부러지거나 손이 찔릴 위험을 줄일 수 있다.

뜨개질하듯 바늘을 움직이지 않는다.
바늘이 뼈대나 단단한 면에 닿아 구부러지지 않도록 유의한다.

▽_ 구 만들기

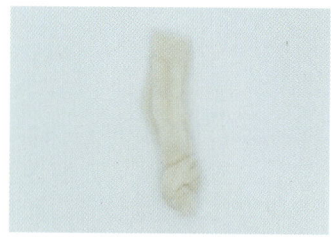
1 양모의 한쪽 끝을 매듭지어 준비한다.

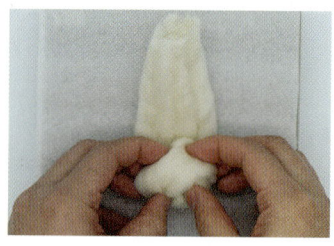
2 매듭을 중심으로 김밥 말 듯 꾹꾹 눌러가며 감는다.

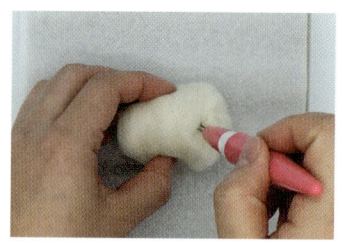
3 양모가 뭉쳐지도록 바늘로 깊이 찌른다. 단단하고 속도 있게 다질 수 있는 초기 작업용 바늘을 사용한다.

4 매끈해질 때까지 사방을 수차례 펠팅한다.

Tip.
시간을 절약하고 싶다면 시중에 판매하는 양모볼을 이용해도 된다. 양모볼을 그대로 쓰거나 양모를 덧대 찔러 원하는 크기로 만들어 쓴다. 단, 내부에 스티로폼이 섞인 경우가 많으니 구매 시 꼭 확인해 본다.

▽_ 털 섞기

손으로 직접 섞거나 핸드카더를 이용해 섞는다.

▽_ 결 없이 섞기

1 핸드카더에 섞고 싶은 양모를 골고루 올린다.　**2** 왔다 갔다 빗질하듯 쓸어내리며 핸드카더를 움직인다.

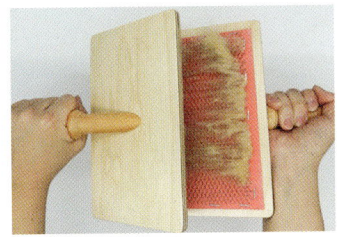 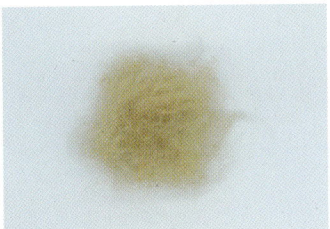

3 여러 차례 반복해 골고루 섞일 때까지 혼합한다.

▼ 결 유지해 섞기

 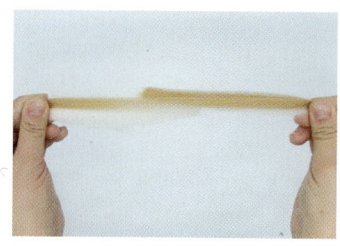 

1 섞고 싶은 양모를 같은 길이대로 준비해 합친다.

2 양쪽 끝을 잡은 상태에서 손목에 힘을 빼고 잡아당긴다.

3 분리된 양모를 한 덩어리로 합친 후 다시 양 끝을 잡아당긴다.

4 색이 자연스럽게 섞일 때까지 반복한다. 섞다 보면 자연스레 길이가 짧아진다. 원하는 길이보다 충분히 긴 길이로 시작한다.

▼ 털 표현하기 기본

▼ 입히기

 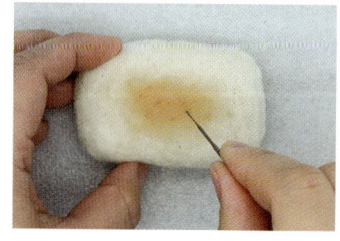 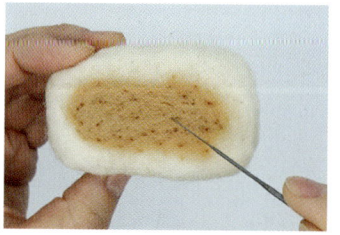

1 양모를 손으로 잡아당겨 가며 섞어 결을 없앤다.

2 부착할 부위에 올려 가볍게 찔러간다.

3 완전히 부착될 때까지 충분히 찌른 후 바늘구멍은 살살 빗어 없앤다.

▼_ 붙이기

1 양모를 일정한 길이로 잘라 준비한다.

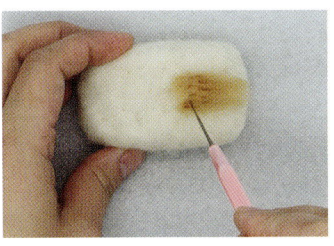

2 전체가 아닌 한쪽 끝만 찔러 부착한다.

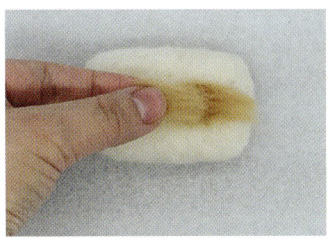

3 다음 차례의 양모를 겹쳐 올린다.

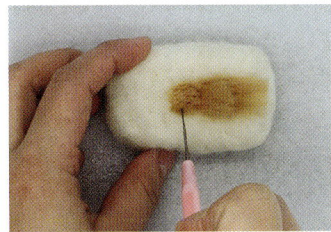

4 겹쳐진 한쪽 끝을 찔러 부착한다.

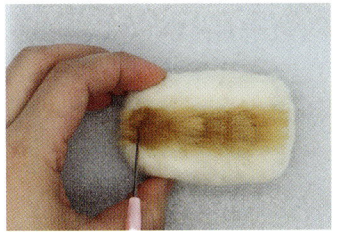

5 같은 방법으로 반복해 층층이 붙여 나간다. 위 방법대로 한쪽 끝만 고정해 질감을 살리거나 전체를 부착해 결 방향만 보이도록 한다.

▼_ 뽑기

1 표현하고자 하는 부위에 입히기 또는 붙이기(전체 부착) 방법으로 마감을 한다.

2 표면을 역바늘(볼륨바늘)로 여러 번 찔러 양모를 뽑아낸다.

3 가위로 다듬고 필요한 경우 바늘을 이용해 털 방향대로 정리한다. 안쪽 양모를 뽑아내는 역바늘을 이용할 경우 형태를 만들 때 사용할 양모의 색 선택에 신경 써야 한다. 의도가 아니라면 자칫 지저분해질 수 있다. 동일한 양모 또는 비슷한 계열의 색을 사용한다.

▼_ V라인 심기

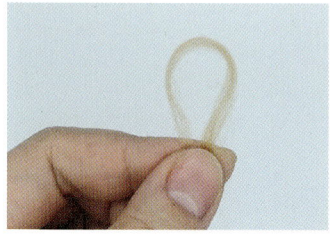 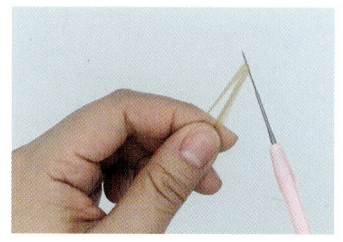 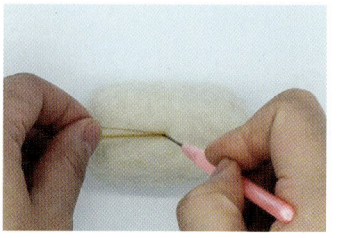

1 양모를 가늘게 뽑아 반을 접어 잡는다.

2 1구 바늘 끝을 접힌 양모 사이에 걸친다.

3 식모하고자 하는 부위에 올려 깊이 두세 번 찌른다.

4 세우거나 눕히거나 원하는 결 방향대로 정리한다.

▼_ 넓은 V라인 심기

 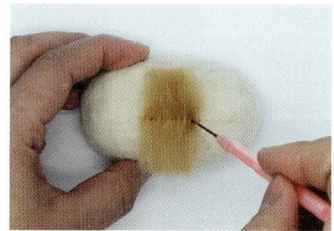 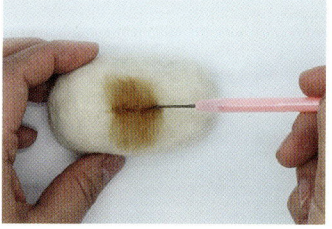

1 양모를 식모하고자 하는 부위에 가지런히 펼쳐 올린다.

2 중심선을 콕콕 찔러 일차적으로 자리를 잡게 한다. 심고 싶은 간격에 따라 찌르는 면적을 좁히거나 늘린다.

3 다시 한 번 깊이 찔러 양모가 접히도록 하는데 이때, 찌르는 진행 방향으로 바늘을 살짝만 눕혀도 좋다.

4 세우거나 눕히거나 원하는 결 방향대로 정리한다.

V. 털 표현하기 응용

▼ 반곱슬 표현(말아 심기)

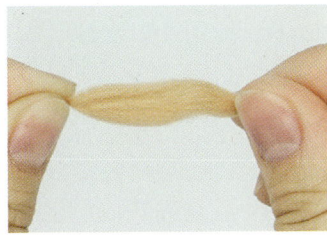  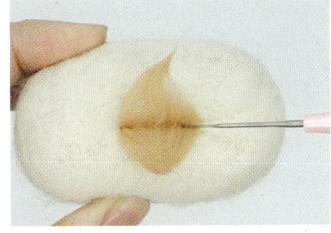

1 양모의 양쪽 끝을 손으로 비벼 만다.

2 양쪽을 살짝 당겨 벌어지게 만든다.

3 식모하고자 하는 부위에 올려 넓은 V라인으로 심는다.

4 한쪽으로 눕혀 정리한다.

▼ 곱슬 표현

【 웨이브 양모 심기 】

1 웨이브 양모를 V라인으로 식모한다. 검은실 두 가닥을 빼낸 후 그대로 심거나 가닥을 나눠 심는다.

【 꼬아 심기 】

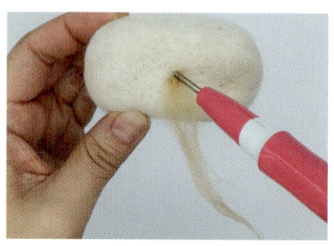 

1   베이직 울을 가늘고 길게 뽑아 한쪽 끝을 고정한다.

2   양모를 원을 그리듯 살살 돌려 꼰 후 한쪽 끝을 깊이 찔러 고정한다.

【 접어 심기 】

1   베이직 울을 가늘고 길게 뽑아 반을 접고 또 반을 접는다.

2   넓은 V라인으로 식모한다.

 ## 우리 강아지 생김새 살펴보기

닮게 만드는 것, 어렵진 않을까?

인형을 만들기 전, 먼저 우리 강아지와 마주 앉아 눈을 맞춰 보세요.
가만히 눈, 코, 입을 살피고 머리에서 발끝까지 천천히 관찰해 보세요.
잘 안다고 생각했던 우리 강아지가 어쩜 문득 낯설게 느껴질지도 몰라요.

관찰이 끝났다면 이제, 우리 강아지 닮은 인형을 만들 차례!

인형은 인형일 뿐, 부담은 모두 내려놓아도 좋아요.
눈이 닮지 않아도, 귀가 닮지 않아도 어때요.
우리 강아지만 생각하며 정성껏 직접 만들어 간다면 그 누가 뭐래도 도플갱어 인형인 거죠.

아래 다섯 가지 기본 포인트가 아니더라도 나만 아는 특별한 비밀, 혹은 특징을 표현해 보는 것도 좋습니다.
한쪽만 살짝 올라간 입꼬리, 혹은 색이 섞인 발바닥 패드라던가, 아니면 언젠가부터 생겨난 배 안쪽 희미한 무늬 같은 특별함 말이에요.

▼_ 우리 강아지가 이렇게 생겼었어? 닮게 만들기 관찰 Point 5가지

【 눈 】

눈매나 크기만 닮아도, 또 미간 거리 및 위치만 정확해도 우선 반은 성공이에요. 삼각형인지 아몬드형인지, 튀어나왔는지 아닌지 등을 확인하는 것이 닮기 위한 첫 번째 관문입니다. 상하 눈꺼풀을 만들어 붙여 일차적으로 눈매를 잡아주고, 털 표현을 하면서 보완합니다. 눈을 끼울 땐 눈꺼풀 부착 후를 고려해 미간 거리를 더 좁게 잡아 주세요.

【 두상 】

둥근 형태가 기본이지만 견종별로, 또 아이들별로 꽤 다른 형태를 지니고 있어요. 우리 강아지의 두상을 앞, 뒤, 옆에서 자세히 관찰해 주세요. 넓은지, 좁은지, 튀어나와 있는지 편평한지, 혹은 각이 져 있는지, 애플형인지 등을 확인해 형태 잡기에 반영하는 것이 중요합니다. 눈과 눈 사이의 움푹 파인 부분이 명확한지도 확인해 표현해 주세요.

【 주둥이 】

주둥이의 위치 및 길이 등 형태를 파악하는 것도 매우 중요합니다. 주둥이가 긴지 짧은지는 물론 경사져 있는지 곧은지, 폭이 넓은지 좁은지, 끝은 뾰족한지 둥근지를 잘 관찰해 주세요. 아래턱의 형태나 반대 교합 여부 확인도 중요합니다.

【 코 】

시중에 판매하는 코 중 닮은 모양이 있다면 다행이지만, 완전히 다른 모양일 경우 표현에 한계를 느낄 수 있습니다. 그럴 땐 코를 직접 만들어 부착해 보세요. 형태만 비슷하게 만들어주더라도 한결 우리 강아지 느낌에 가까워질 거예요.

【 귀 】

강아지 양모인형 만들기에서 어렵게 느껴지는 관문이 특히 귀입니다. 얼굴 크기와 비교한 길이와 폭 그리고 직립해 있는지, 접혀 있는지는 확인하는 것은 기본이며, 귀 끝의 모양 및 털로 덮여있는지 여부도 잘 살펴 주세요. 귀를 부착할 때 위치도 매우 중요하니 충분히 신경 써주세요.

Needle Felt

단순하게 만들기

미니어처

내 손안에 쏙~ 10cm 미니미
머리부터 발끝까지 몽땅 사랑스러운 나의 펫.
너는 내 편, 나는 네 편.
텔레파시가 통하는 우리는 한 팀. 우리가 만난 건 운명.
작디작은 너에게 너무 큰 사랑을 배워가.
언제나 곁에 있을게. 늘 함께하자.

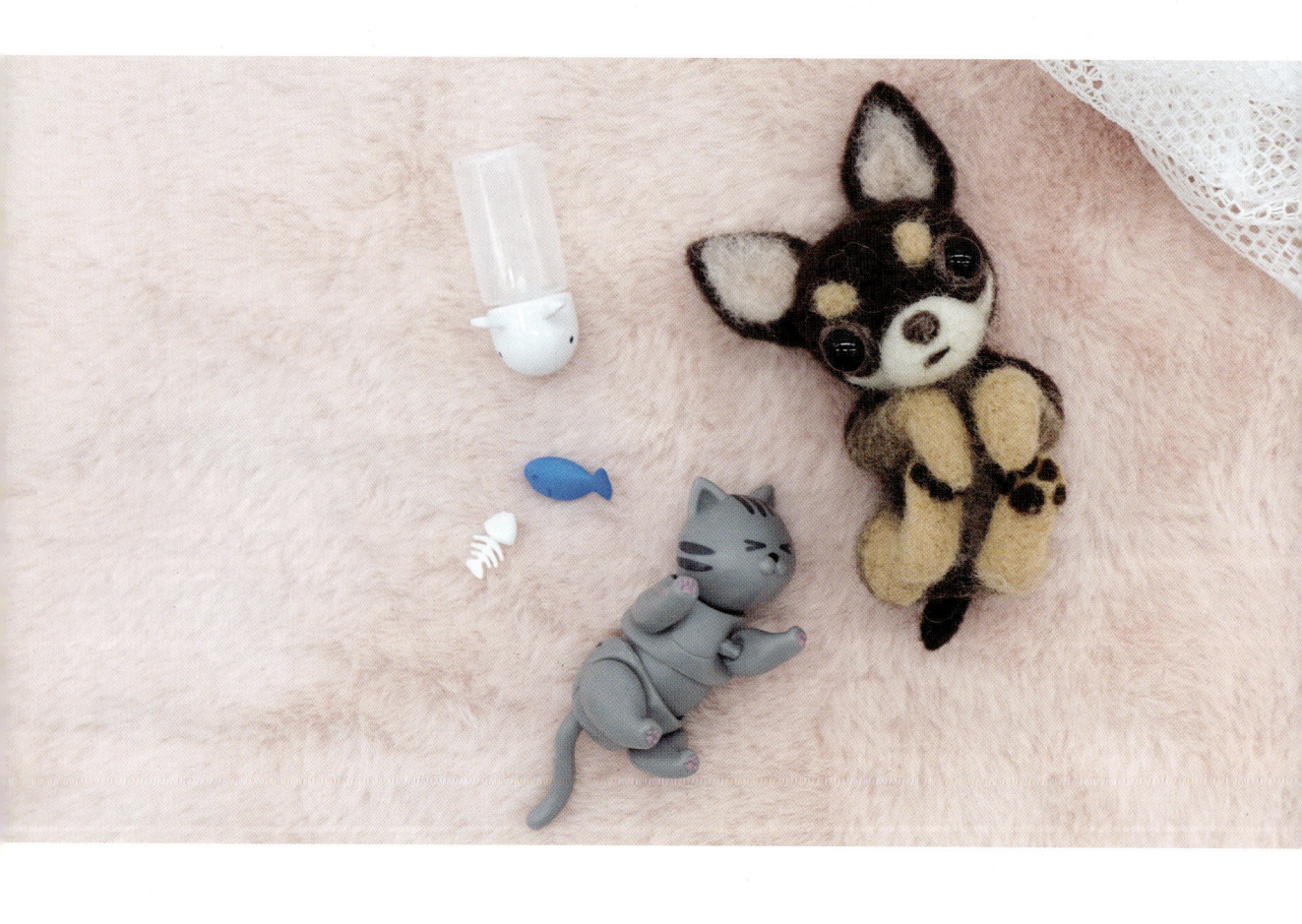

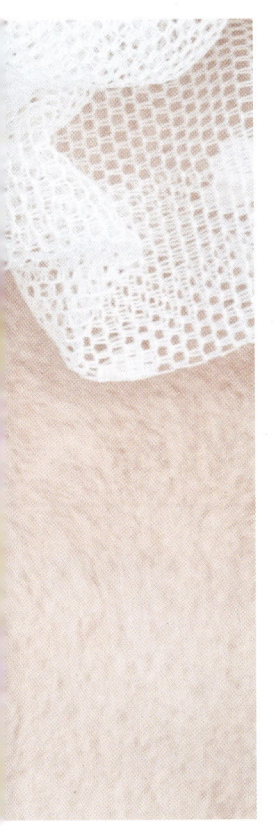

Bichon Frise
비숑 프리제

완성 사이즈 10cm 내외

사용한 재료	아이보리색 양모 12g, 아이보리색 웨이브 양모 15g, 검은색과 핑크색 양모 약간, 눈 한 쌍(4mm), 철사(두께 1mm), 모루
도구	스펀지, 1구 바늘(초기, 마무리 작업용), 펜치, 송곳, 자, 기화펜 또는 수성펜
부위별 도안 (실제 사이즈)	

 바늘이 부러질 수 있으니 꼭 스펀지 위에 올려놓고 작업한다.
특별한 표기를 제외하고는 모두 초기 작업용 1구 바늘을 사용한다.

Step 1. 얼굴

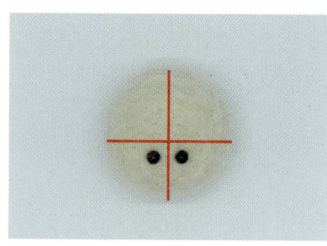  

1 아이보리색 양모로 구를 만들고 눈을 고정한다.

2 웨이브 양모의 결을 없애 솜처럼 만든 후 양쪽 가장자리를 안쪽으로 접고 찔러 위턱을 만든다.

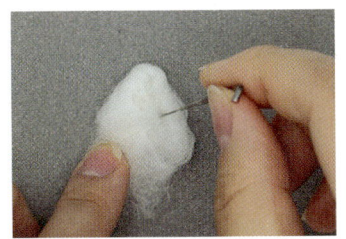
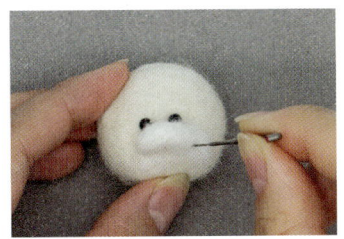

3 아래턱도 같은 방법으로 만든다.

4 위턱을 눈 밑에 올린 후 둘레를 꼼꼼하게 찔러 고정한다.

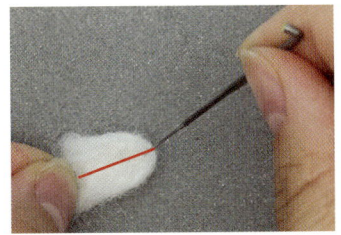

5 아래턱은 중앙선을 찔러 살짝 구부린 후 위턱 밑에 밀착해 부착한다.

6 입이 살짝 벌어진 상태로 고정한다.

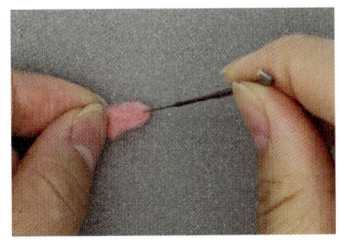
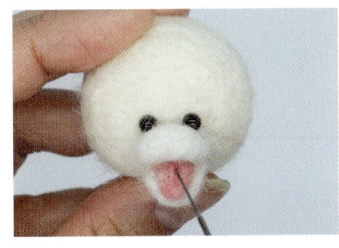
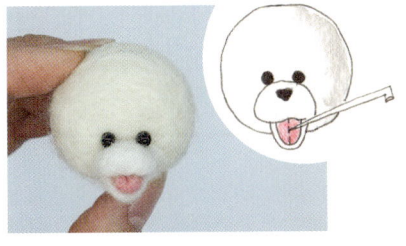

7 핑크색 양모로 혀 모양을 만든다. 위턱과 아래턱 사이에 끼워 크기를 확인해 가며 펠팅한다.

8 혀를 밀어 넣고 시접 부위를 깊이 찔러 고정한다.

9 헛바닥의 세로선도 살살 찔러 표현한다.

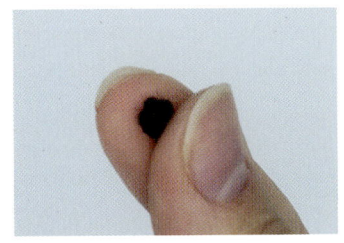

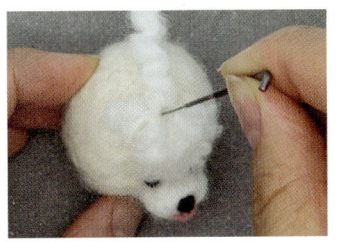

10 소량의 검은색 양모를 돌돌 굴려 동그랗게 만든다.

11 코 위치에 올려 조심스럽게 마무리용 바늘로 찔러 고정한다.

12 주둥이를 제외한 얼굴 전체에 웨이브 양모를 부착해 나간다.

13 이마와 볼은 여러 번 덧붙여 풍성하게 표현한다.

14 웨이브 양모를 귀 위치에 두둑이 얹어 찔러가며 동그란 형태로 쌓아 올린다.

▼ Step 2. 몸통과 다리

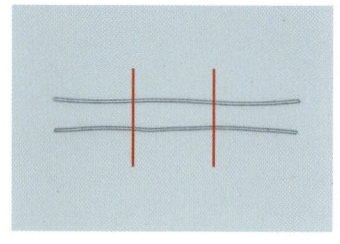 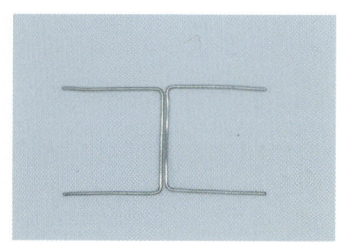 

1 105mm 길이로 철사 2개를 잘라 삼등분할 지점을 각각 표시한다.

2 삼등분한 지점을 모두 꺾어 ㄷ자로 만든 후 H자 형태로 교차한다.

3 교차 지점을 모루로 감아 단단히 고정하고 남은 철사 부위도 모두 모루로 감는다.

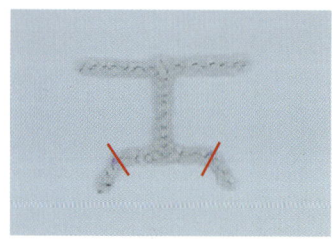  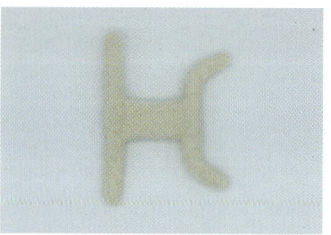

4 양쪽 끝에서 15mm 지점을 표시한 뒤 펜치로 아래 방향으로 45도 꺾는다. 뒷다리가 될 부분이다.

5 양모를 붕대 감듯 감싸가며 찔러 부착해 간다. 바늘이 부러지지 않게 유의한다.

6 네 다리가 일정한 두께로 단단해질 때까지 고르게 찌르고, 몸통이 될 부분은 좀 더 두툼하게 볼륨을 준다.

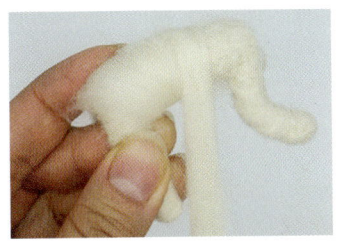
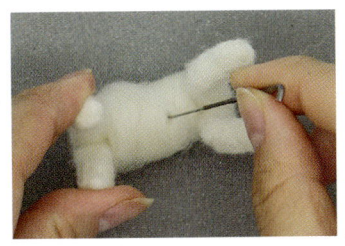

7 H자 형태의 철사를 살짝 오므려 잡고 몸통 부위를 양모로 감아 적당히 조여 준다.

8 배와 등 부위를 충분히 찔러 고정한다.

9 양모를 조금씩 얹어가며 펠팅해 몸통 형태를 완성한다.

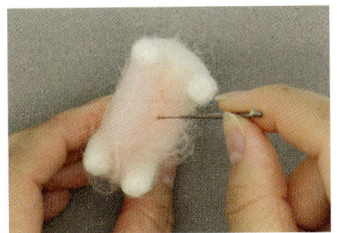
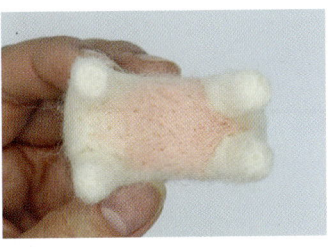

10 배 부위에 핑크색 양모로 색을 입힌다.

11 핑크색 양모 위에 웨이브 양모를 얇게 펼쳐 부착한다.

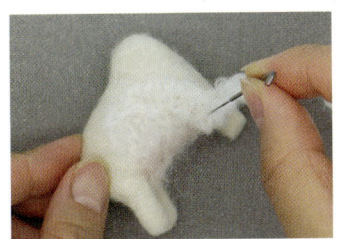

12 나머지 몸통 전체에 웨이브 양모를 부착한다.

▾ Step 3. 연결

1 구 밑쪽에 칼집을 내 모루를 꽂아 넣고, 주변을 찔러 모루를 고정한다.

2 몸통에도 구멍을 뚫어 얼굴과 연결한다.

3 목둘레에 웨이브 양모를 얹어가며 다양한 각도에서 충분히 찔러 단단히 고정한다.

▾ Step 4. 꼬리

1 모루 끝을 갈고리처럼 접어 웨이브 양모를 고정한 후, 양 갈래 양모를 모아 찌른다.

2 남은 모루도 연결 부위만 남겨두고 양모로 감아 펠팅한다.

3 구멍을 내 꼬리를 꽂고 둘레에 웨이브 양모를 소량 얹어 바늘로 찔러 고정한다.

Schnauzer
슈나우저

완성 사이즈 10~11cm 내외

사용한 재료 회색 양모 15g, 흰색 양모 3g, 아이보리색 웨이브 양모 약간(흰색 양모로 대체 가능), 핑크색과 검은색 양모 약간, 눈 한 쌍(5mm), 철사(두께 1mm), 모루

도구 스펀지, 1구 바늘(초기, 마무리 작업용), 펜치, 쪽가위, 자, 기화펜 또는 수성펜

부위별 도안
(실제 사이즈)

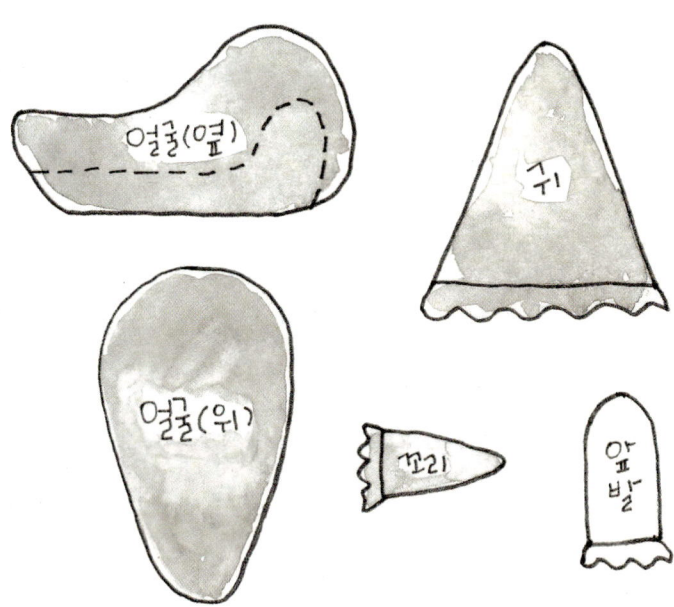

바늘이 부러질 수 있으니 꼭 스펀지 위에 올려놓고 작업한다.
특별한 표기를 제외하고는 모두 초기 작업용 1구 바늘을 사용한다.

Step 1. 얼굴

  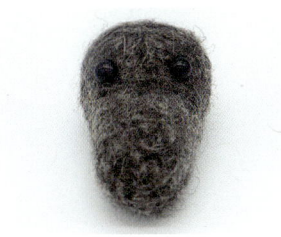

1 양모를 돌돌 말아 찔러가며 얼굴 형태를 만든다.

2 쪽가위로 구멍을 내 눈을 끼워 넣는다.

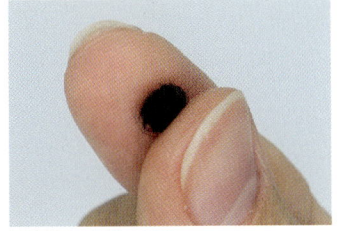 

3 소량의 검은색 양모를 돌돌 굴려 좁쌀처럼 만든다.

4 코 위치에 올려 마무리용 바늘로 살살 찔러 부착한다.

5 흰색 양모를 땅콩 크기로 뭉쳐 찌른다.

6 흰색 양모를 눈 위에 반원 모양으로 얹어 마무리용 바늘로 고정한다.

7 아래턱에 흰색 양모를 얹고 바늘로 찔러 색을 입힌다.

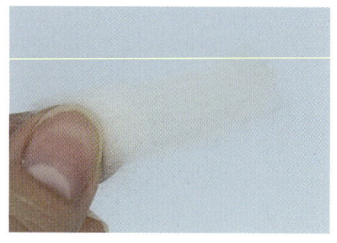 

8 양모를 50mm 길이로 잘라 결을 유지해 위턱에 올린다.

9 가르마를 타듯 중앙선을 찔러 고정한다.

10 일자로 다듬은 후 마무리용 바늘로 살살 찔러 붙인다.

11 검은색 양모를 가늘게 뽑아 마무리용 바늘로 찔러 넣어 입라인을 만든다.

12 회색 양모의 결을 없애 양 가장자리를 접어 세모로 만든다.

 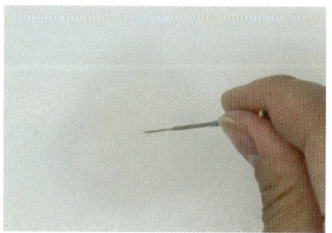

13 단단해지도록 스펀지 위에서 찔러 귀심 한 쌍을 만든다.

14 결을 없앤 흰색 양모를 서로 엉겨 붙도록 찌른 뒤, 앞서 만든 귀심에 올려 가볍게 펠팅한다.

  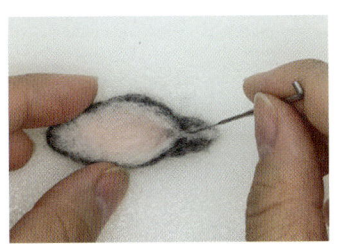

15 흰색 양모의 남은 면적은 가위로 잘라낸다.

16 귀 중앙에 소량의 핑크색 양모를 마무리용 바늘로 찔러 붙인다.

17 귀밑 가장자리를 중심으로 모아 찌른다.

18 귀 위치를 잡고 뒤통수 쪽에 놓고 찔러 고정한다.

19 귀 주변은 회색 양모로 덮어가며 찔러 깔끔하게 마감한다.

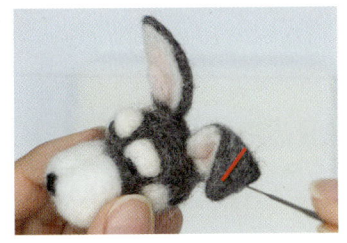 

20 귀를 아래로 향하게 접은 뒤 중심선을 찔러 고정한다.

21 회색과 흰색 양모를 섞어 주둥이 윗부분에 색을 입힌다.

▼ Step 2. 몸통과 다리

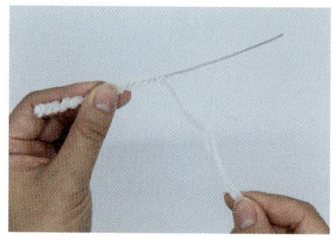

1 160mm 길이로 자른 철사를 모루로 감는다.

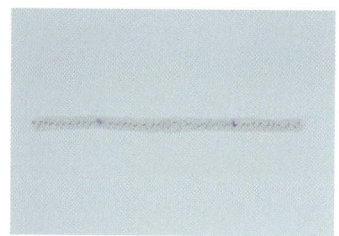

2 양쪽 끝 40mm 지점을 표시한 후 해당 면적을 양모로 붕대 감듯 감싸 찌른다.

3 양쪽 앞발이 될 부분으로 동일한 두께가 되도록 펠팅한다.

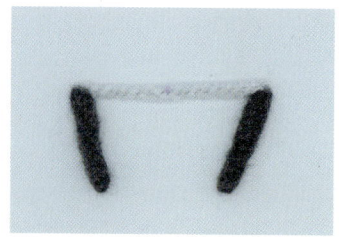

4 양모를 감아 찌른 지점을 꺾어 구부린다.

5 철사 중심을 반으로 접어 V자 형태로 만든다.

6 몸통이 될 부분은 양모를 두껍게 말아 찌른다.

7 엉덩이, 가슴, 목 부위에 살집을 넣어주듯 양모를 얹어 바늘로 찔러가며 몸통 형태를 잡는다.

8 회색 양모를 얹어 찔러 허벅지 모양을 만든다.

  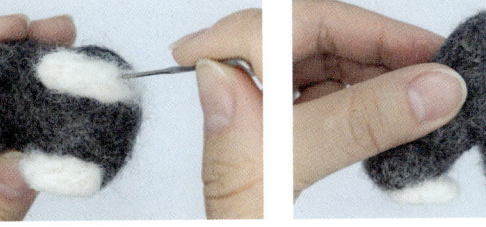

9 도안대로 뒷발을 만든다.   10 시접 부위를 허벅지 아래에 찔러 고정한다.

11 웨이브 양모 또는 흰색 양모를 앞발과 뒷발에 찔러 부착한다.

12 회색과 핑크색 양모를 섞어 가슴 부위에 얇게 펼쳐 부착한다.

Step 3. 연결과 꼬리

1   얼굴과 몸통에 구멍을 내 모루로 서로 연결한다.

2   목둘레를 양모로 감싼 후 충분히 찔러 고정한다.

3   꼬리를 만든 후 시접 부위를 엉덩이에 찔러 부착한다.

Maltese
몰티즈

완성 사이즈 10~11cm 내외

사용한 재료	흰색 양모 15g, 검은색 양모 약간, 눈 한 쌍(5mm), 철사(두께 1mm), 모루, 고무줄
도구	스펀지, 1구 바늘(초기, 마무리 작업용), 펜치, 쪽가위, 자, 기화펜 또는 수성펜
부위별 도안 **(실제 사이즈)**	

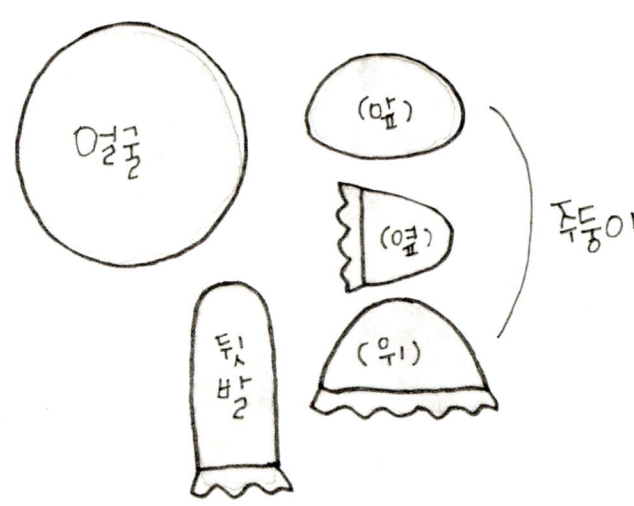

바늘이 부러질 수 있으니 꼭 스펀지 위에 올려놓고 작업한다.
특별한 표기를 제외하고는 모두 초기 작업용 1구 바늘을 사용한다.

▼ Step 1. 얼굴

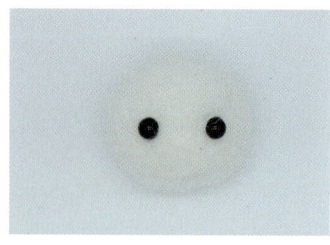 

1 구를 만들고 눈을 고정한다.

2 도안대로 주둥이를 만든 후 둘레를 깊이 찔러 부착한다.

  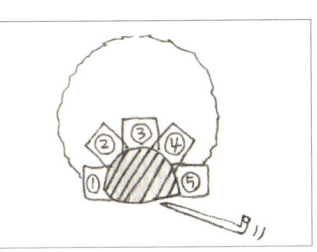

3 양모를 15mm로 잘라 절반을 찔러 엉겨 붙게 한 뒤 주둥이 중심에 고정한다.

4 같은 방법으로 반원을 그리듯 각각의 위치에 올려 네 번을 더 부착한다.

5 잔털은 다듬고 마무리용 바늘로 살살 찔러 정리한다.

6 검은색 양모를 돌돌 굴려 마무리용 바늘로 코 위치에 부착한다.

7 얇게 뽑은 양모를 찔러 입라인을 만든다. 마무리용 바늘을 이용한다.

8 50mm로 자른 양모를 한쪽 끝만 펠팅해 엉겨 붙게 한다.

9 엉겨 붙은 쪽을 정수리에 올려 찔러 부착한다.

 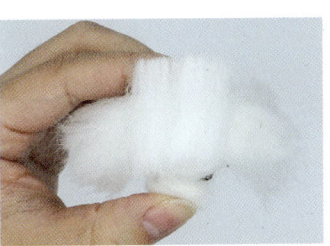

10 단발 형태로 잘라 정리한다.

11 양모를 30mm로 잘라 귀와 귀 사이에 올린 후 앞쪽을 찔러 부착한다.

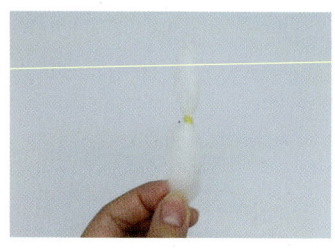

12 양모를 약 80mm로 잘라 중심을 고무줄로 묶는다.

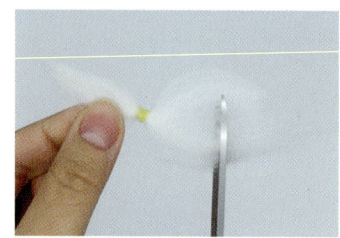

13 한쪽을 펼쳐 반듯하게 자르고 자른 부위를 살살 찔러 엉겨 붙게 한다.

14 엉겨 붙은 부위를 미간에 부착한 뒤, 이마 부위도 살살 찔러 정리한다.

▼ Step 2. 연결

1 철사와 흰색 양모로 몸통을 만든다. 슈나우저 몸통 만들기 과정(step 2 몸통과 다리-1~11)을 참고 58쪽

2 얼굴과 몸을 모루로 연결한다.

3 목둘레에 양모를 덧대가며 찔러 단단히 고정한다.

Step 3. 꼬리

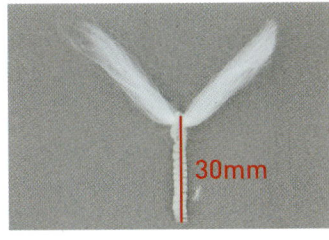  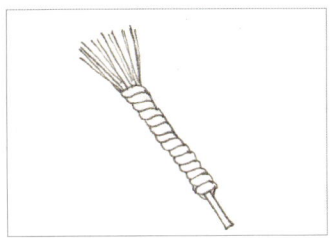

1 모루 끝을 접어 양모를 고정한다.

2 길게 뽑은 양모로 모루를 붕대 감듯 감싸 찔러 고정한다.

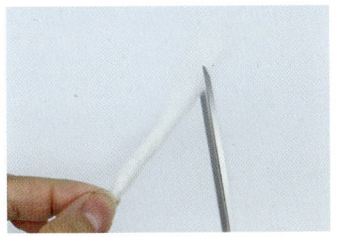  

3 꼬리 끝 털은 적당한 길이로 다듬는다.

4 꼬리를 꽂아 넣고 둘레에 양모를 소량 얹어 찔러 고정한다.

Welsh corgi
웰시 코기

완성 사이즈 10~11cm 내외

사용한 재료	아이보리색 양모 10g, 황토색 양모 2g, 검은색과 핑크색 양모 약간, 눈 한 쌍(6mm), 철사(두께 1mm), 모루
도구	스펀지, 1구 바늘(초기, 마무리 작업용), 쪽가위, 기화펜 또는 수성펜
부위별 도안 (실제 사이즈)	

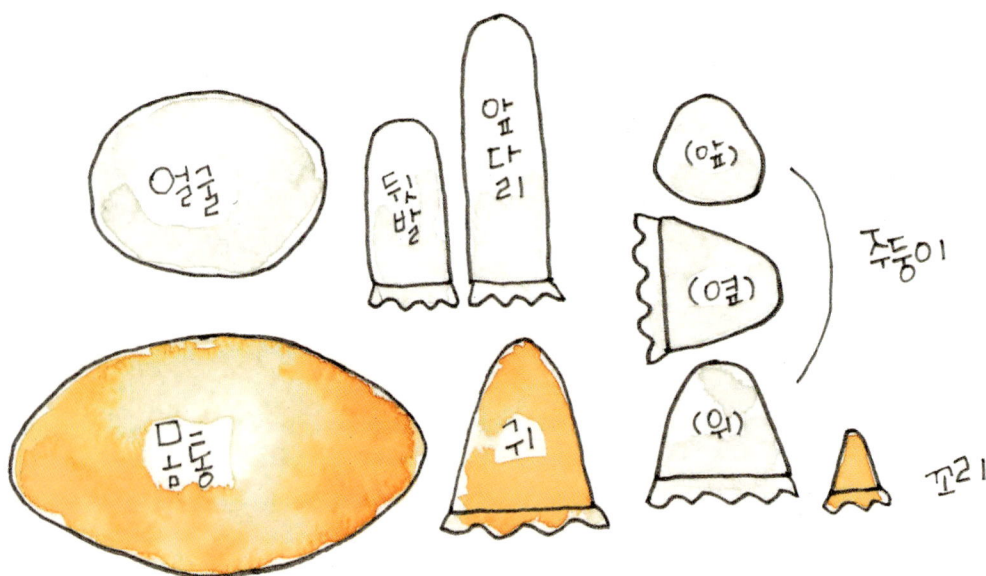

 바늘이 부러질 수 있으니 꼭 스펀지 위에 올려놓고 작업한다.
특별한 표기를 제외하고는 모두 초기 작업용 1구 바늘을 사용한다.

Step 1. 얼굴

1 가로가 살짝 긴 형태로 구를 만들어 눈을 고정한다.

2 도안대로 주둥이를 만들어 둘레를 깊이 찔러 고정한다.

  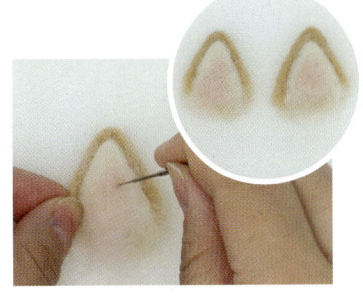

3 황토색 양모로 귀 바탕을 만들고 그보다 작은 사이즈로 아이보리색 삼각형을 만들어 붙인다.

4 중심 부위엔 핑크색 양모로 살짝 색을 입힌다.

5 한쪽 귀의 위치를 잡고 바늘로 깊이 찔러 부착한다.

6 반대쪽 귀도 대칭이 되도록 부착한다.

 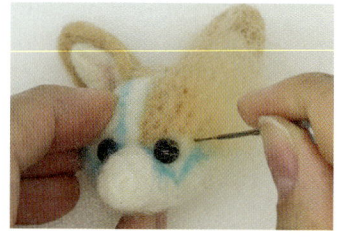 

7 수성펜으로 무늬 선을 그린 후 마무리용 바늘을 이용해 황토색 양모로 색을 입힌다.

8 수성펜 자국은 물을 뿌려 없애고, 눈에 띄는 바늘 자국은 바늘로 살살 긁어 없앤다.

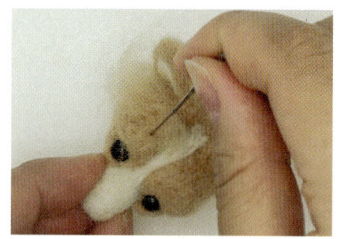 

9 황토색 양모를 눈 위쪽 이마에 얹어 바늘로 찔러 볼륨을 준다.

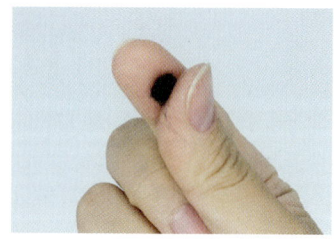 

10 검은색 양모를 돌돌 굴린 후 마무리용 바늘로 코 위치에 고정한다.

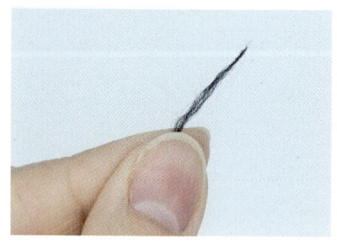 

11 검은색 양모로는 입라인을 표현한다. 마무리용 바늘로 살살 찌른다.

▼ Step 2. 몸통과 다리

1 황토색 양모로 몸통을 만든다.

2 한쪽 끝에 아이보리색 양모를 얹어 찔러 목 형태를 만든다.

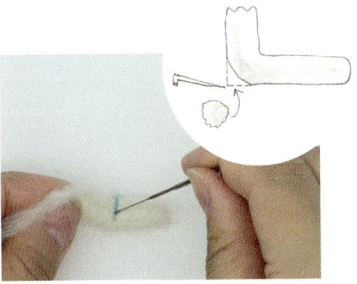

3 도안대로 앞발을 만든 후 90도로 접어 찌르고, 앞발 뒤꿈치가 될 부분은 보완해 찌른다.

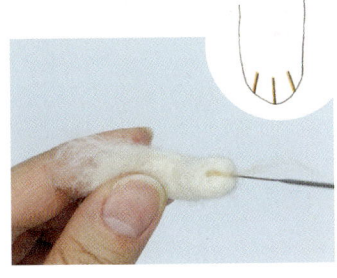

4 황토색 양모를 실처럼 가늘게 뽑아 찔러 그림과 같이 발가락 선을 표현한다.

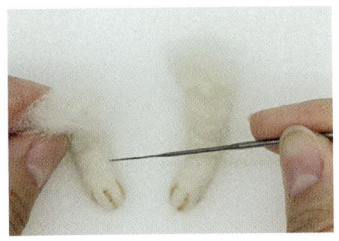

5 같은 방법으로 앞발 하나를 더 만든다.

6 도안과 같은 형태로 뒷발 두 개를 만든다.

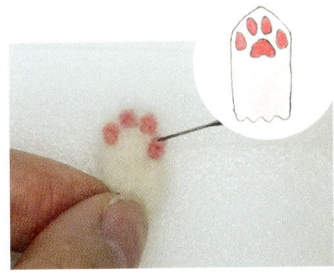

7 소량의 핑크색 양모를 돌돌 굴려 좁쌀처럼 만든 후 발바닥에 찔러 넣는다.

8 도안처럼 허벅지 모양을 펠팅해 엉덩이 양쪽에 부착한다.

9 엉덩이에 뒷발을 올려 시접 부위를 찔러 고정한다.

10 앞발 역시 시접 부위를 찔러 몸통에 고정한다.

▼_ Step 3. 연결

1 모루로 얼굴과 몸통을 연결하는데 이때 뒤를 살짝 돌아본 자세가 되도록 한다.

2 목둘레에 아이보리색 양모를 얹어가며 깊이 찔러 단단히 고정한다.

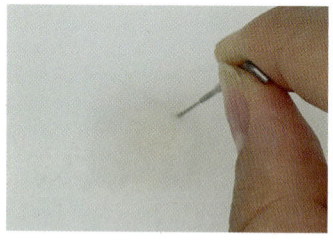  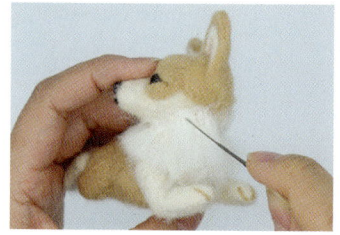

3 아이보리색 양모를 25mm로 잘라 한쪽 부분을 찔러 서로 엉겨 붙게 한다.

4 엉겨 붙은 부위를 어깨 위에 부착하고 같은 방법으로 한 바퀴를 찔러 두른다.

5 턱과 뒤통수 아래 부위는 층층이 털을 붙여 올린다.

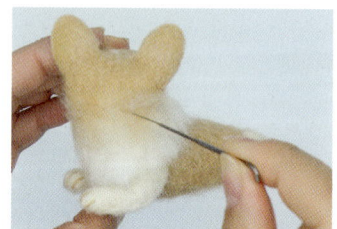

6 황토색과 아이보리색의 경계에는 두 색을 섞은 양모를 올려 찔러 자연스럽게 만든다.

▼_ Step 4. 꼬리

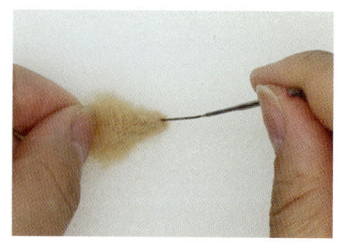 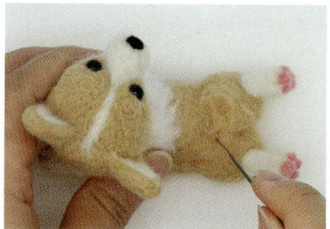

1 꼬리를 만들어 엉덩이에 단단히 부착한다.

chihuahua
치와와

완성 사이즈 10~11cm 내외

사용한 재료	아이보리색 양모 5g, 초콜릿색 양모 5g, 황토색 양모 3g, 핑크색 양모 약간, 눈 한 쌍(8mm), 철사, 모루
도구	스펀지, 1구 바늘(초기, 마무리 작업용), 쪽가위
부위별 도안 (실제 사이즈)	

바늘이 부러질 수 있으니 꼭 스펀지 위에 올려놓고 작업한다.
특별한 표기를 제외하고는 모두 초기 작업용 1구 바늘을 사용한다.

Step 1. 얼굴

 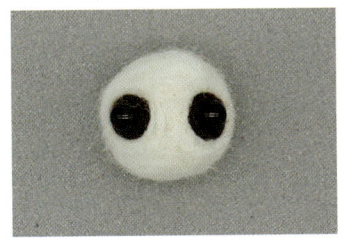 

1 구를 만든 후 눈을 끼울 자리에 초콜릿색 양모를 얹어 질러 5mm 두께의 돌출된 형태로 만든다.

2 초콜릿색 양모 중심에 구멍을 내 눈을 끼워 넣는다.

3 주둥이를 만들어 둘레를 깊이 찔러 고정한다.

4 핑크색과 초콜릿색 양모를 섞어 좁쌀크기로 만든 후 마무리용 바늘로 코 위치에 찔러 부착한다.

5 입라인은 초콜릿색 양모를 가늘게 뽑아 일자 모양으로 찔러 표현한다.

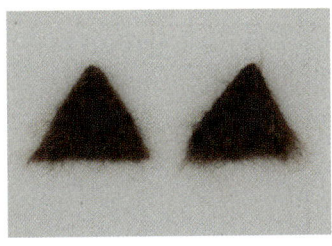 

6 초콜릿색 양모로 귀심 바탕을 만든다.

7 핑크색 양모를 찔러 서로 엉겨 붙게 만든 후 마무리용 바늘로 귀심에 부착한다.

8 남은 핑크색 양모는 바짝 잘라 낸다.

9 귀 아랫부분 가장자리를 안쪽으로 접는다.

10 스펀지 위에서 찔러 고정한다.

11 뒤통수에 귀의 시접 부위를 찔러 단단히 고정한다.

12 주둥이를 제외한 얼굴 전체에 초콜릿색 양모를 찔러 색을 입힌다.

13 초콜릿색과 아이보리색을 섞은 양모를 얇게 말아 눈 바깥 테두리를 따라 두른 후 찔러 고정한다.

14 황토색 양모를 눈 위쪽에 찔러 눈썹을 표현한다.

Step 2. 몸통과 다리

1 초콜릿색 양모로 몸통을 만든 후 한쪽 면 중앙(배가 될 부위)에 크림색 양모를 덮어 찌른다.

2 철사를 50mm 길이로 두 개 잘라 모루로 감는다.

3 10mm를 남겨두고 양모를 갈아 찌른다. 앞다리가 될 부분이다.

4 수성펜 또는 기화성 펜으로 삼등분해 표시한다.

5 표시에 따라 3단계로 진하게 색을 입혀간다.

6 삼등분했던 각 지점을 사진과 같은 형태로 구부린다.

7 어깨에 구멍을 내고 앞다리의 모루를 꽂아 넣는다.

8 연결 부위에 초콜릿색 양모를 얹어 찔러 색을 입혀가며 단단히 고정한다.

9 반대쪽 앞다리도 같은 방법으로 고정한다.

10 도안과 같은 형태로 뒷다리 한 쌍을 만든 후 초콜릿색 양모로 발바닥 패드를 표현한다.

11 뒷다리를 몸통에 올려 시접 부위를 찔러 고정한다.

12 연결 부위에 초콜릿색 양모를 얹어 찔러 색을 입힌다.

13 같은 방법으로 반대쪽 다리도 부착한다.

14 초콜릿색과 아이보리색의 중간색을 만들어 연결 부위에 색을 입힌다.

Step 3. 연결과 꼬리

1 얼굴과 몸통에 구멍을 내 모루로 서로 연결한다.

2 목 앞쪽에 아이보리색 양모를 올려 찔러가며 얼굴을 몸통과 고정한다.

3 나머지 목둘레에도 검은색 양모를 올려 찔러 단단히 고정한다.

4 꼬리 모양을 만들어 시접 부위를 엉덩이에 찔러 고정한다.

리얼하게 만들기
Needle Felt

전신인형

진짜야? 인형이야? 도플갱어 만들기
우리의 여행은 얼마나 남았을까?
언제까지나 함께이고 싶지만, 정해진 시간은 자꾸 빠르게만 흘러가.
눈, 코, 입 하나하나부터 털 감촉까지 모두 기억하고 싶은 우리 강아지.
콕콕콕 찌르는 시간이 쌓여갈수록 애틋함도 늘어가.
가족이 되어줘 고마워.
나에게 와줘서 고마워.
앞으로도 잘 부탁해.

전신인형 부위별 만들기 기본방법

리얼한 인형 만들기를 본격화하기에 앞서 먼저 부위별 형태 잡는 방법부터 알아보도록 합니다. 눈매를 잡는 방법부터 귀와 다리, 꼬리를 만드는 기본 방법을 잘 익혀둔다면 다양한 견종에 적용해 응용할 수 있기에 전신인형 만들기가 더욱더 수월해질 것입니다.

▽_ 눈꺼풀

▽_ 한 번에 붙이기

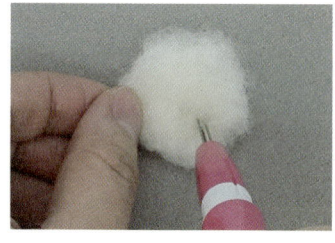  

1 양모솜 또는 양모를 2~3mm 두께의 원형으로 다져 만든다. 크기는 덮을 눈의 약 1.5배로 한다. 가장자리는 너무 단단해지지 않도록 유의한다.

2 다진 양모를 눈 위에 올려 덮는다. 원의 중심이 눈 정중앙에 가도록 한다. 구에 미리 중앙 가이드 선을 그려두면 편하다.

3 눈의 바깥 라인을 찔러 양모를 부착한다.

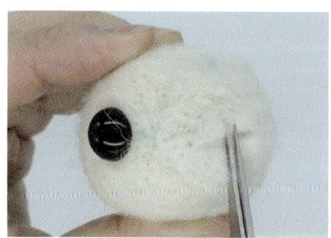 

4 중앙에 눈 크기보다 작게 십자 모양으로 가위집을 낸다.

5 양모를 바깥쪽으로 살살 밀어가며 눈을 찾고 눈매를 만든다. 플라스틱 눈에 흠집이 나지 않도록 조심히 작업한다.

▼_ 나눠서 붙이기

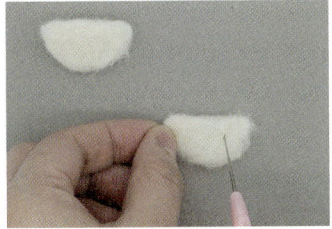

1 양모솜 또는 양모를 2~3mm 두께의 반원 모양으로 다진다. 두 개를 만들고 지름은 덮을 눈의 약 1.5배로 한다.

2 눈 앞머리와 눈꼬리를 표시한다.

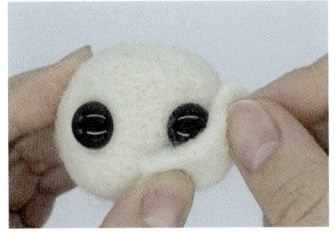

3 표시한 지점에 맞춰 아래 꺼풀이 될 양모를 올린다.

4 양모의 앞과 뒤 그리고 아래 라인을 찔러 단단히 부착한다.

5 눈 앞머리와 눈꼬리 위치에 맞춰 위꺼풀이 될 양모의 위치를 잡는다.

6 반원의 바깥쪽 라인을 찔러 부착한다.

7 위 꺼풀과 아래 꺼풀을 살살 밀어가며 눈매대로 눈을 찾는다.

▼ 귀심

1 결을 없앤 양모를 스펀지 위에서 앞뒤로 다진다.

2 어느 정도 뭉쳐진 양모의 바깥 선을 접어 세모 형태로 만든다.
귀 모양은 생김새에 따라 조금씩 변형한다.

3 접은 상태에서 다시 펠팅한다. 연결 부위가 될 아랫면은 너무 단단해지지 않도록 한다.

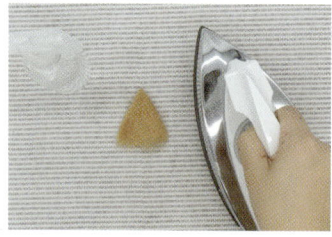

4 바깥 라인은 1구 바늘로 좀 더 섬세하게 찌른다.

5 물을 살짝 뿌리고 다리미로 누른다. 앞뒤로 각 2~3초면 충분하다.
다림질 과정은 생략해도 된다.

6 바깥 라인 잔털은 잘라 정리한다.

▼ 발과 다리(다리심)

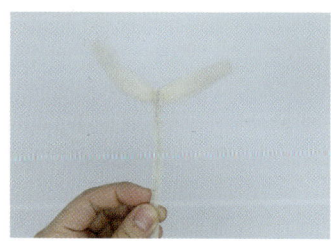

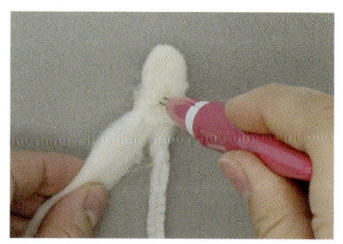

1 모루의 끝을 갈고리처럼 꺾어 양모를 고정한다.

2 모루 위에서 양 갈래의 양모를 살짝 매듭지어 찌른다. 발바닥 패드를 넣기 수월하도록 모루 위로 동그랗게 연장한다.

3 양모를 길게 뽑아 한쪽 끝을 발등에 고정한다.

4 모루를 감아가며 원하는 두께가 될 때까지 찌른다.

5 매끈해질 때까지 단단하게 펠팅한다.

 Tip.
필요에 따라 형태를 응용한다. 모루를 꺾거나 구부린 상태에서 양모를 감아 찌른다.

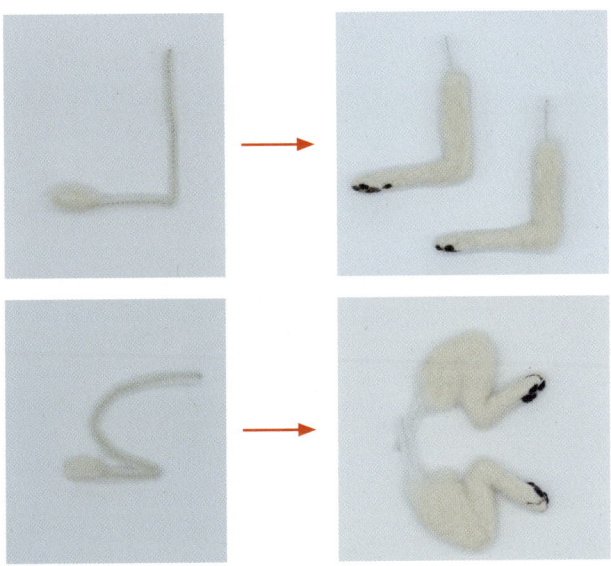

▼_ 발가락

▼_ 찌르기

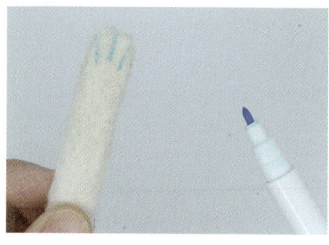 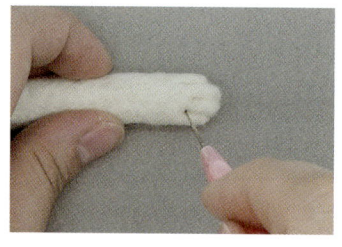

1 다리심 끝에 발가락 가이드 선을 그려 넣는다.

2 가이드 선을 따라 바늘로 수차례 찔러 발가락 형태를 만든다.

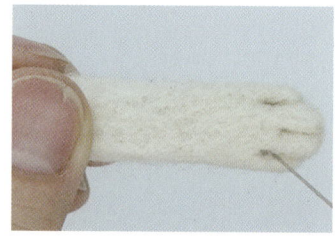 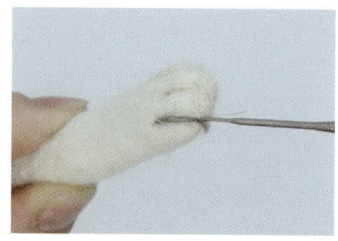

3 어두운색 양모를 발가락 안쪽에만 소량 찔러 넣어 자연스러운 명암을 주거나 발가락 경계선 전체에 둘러 찔러 선명하게 표현한다.

▼_ 바느질로 나누기

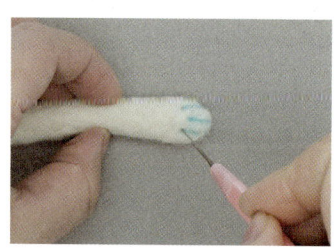 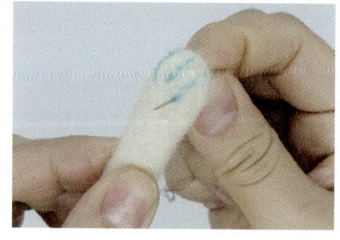

1 발가락 선을 그린 후 바늘로 살짝 찔러 홈을 만든다.

2 낚싯줄이나 얇은 실을 바늘에 꿰어 첫 번째 발가락 사이 뒷면에서 앞면으로 바늘을 통과시킨다.

 **Tip.**
그림과 같은 순서로 발가락 사이에 실을 걸쳐가며 통과시켜 나간다.

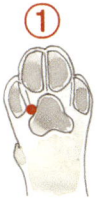 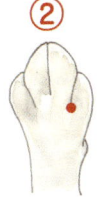 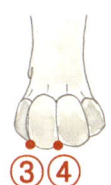

 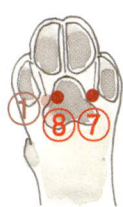

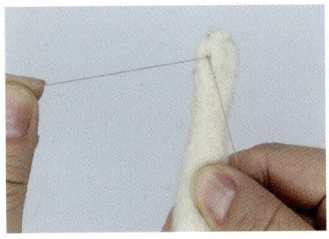

3 처음 바늘을 통과시킨 곳 옆 ⑧에서 바늘을 빼내 매듭을 짓는다.

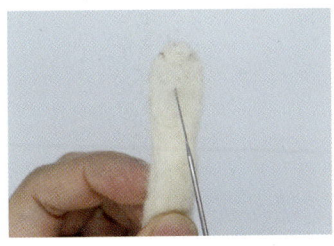 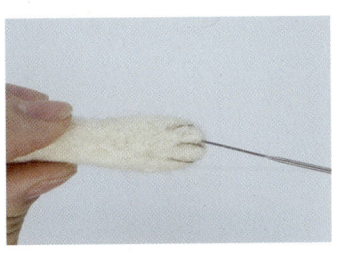

4 양모를 살짝 덧대 찔러 매듭을 숨긴다.

5 바늘로 살살 찔러 정리한다.

 Tip.
앞발 안쪽엔 며느리발톱을 하나 더 만들어 주자.

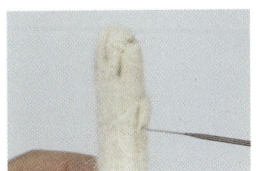

🔻 발바닥 패드 (볼록살)

 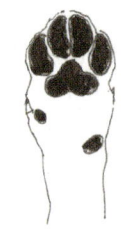

뒷발　　앞발

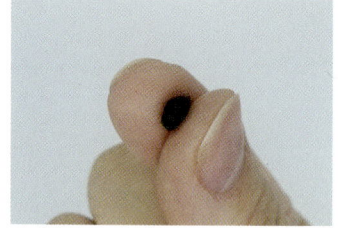

1   양모 소량을 엄지와 검지로 돌돌 굴리며 비벼서 좁쌀 모양으로 만든다.

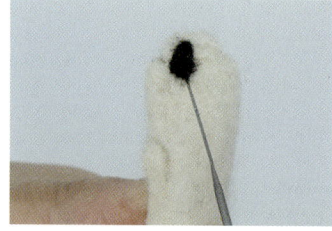

2   발가락 끝에 살살 찔러 부착한다. 발등으로 양모가 삐져나오지 않도록 힘 조절에 유의한다.

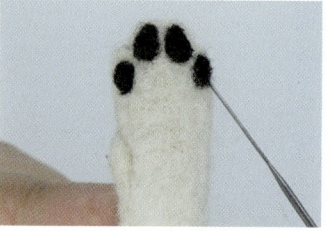

3   중앙 두 개, 가장자리 두 개 순으로 발가락 볼록살을 모두 부착한다.

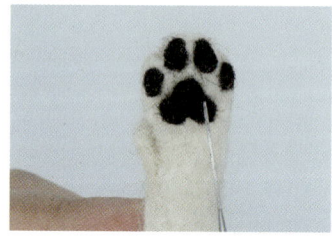

4   발바닥 볼록살 모양도 만들어 준다.

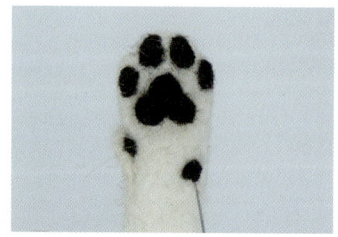

5   앞발에는 볼록살 두 개를 추가로 표현해 줘도 좋다.

V_ 꼬리심

  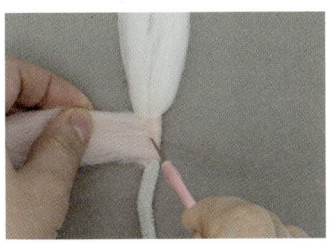

1 모루의 끝을 갈고리처럼 구부려 길게 뽑은 양모 중심을 고정한다.

2 갈고리처럼 접은 모루 위를 핑크색 양모로 단단히 감는다.

3 스펀지 위에서 찔러 고정한다.

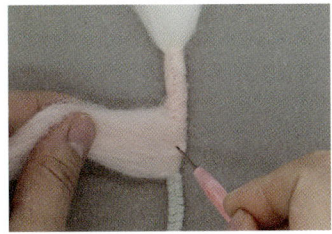 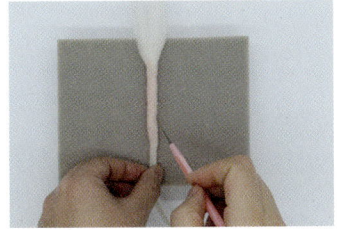

4 원하는 길이까지 감아 내려가며 찌른다.

5 단단하고 매끈해지도록 충분히 찔러 완성한다.

poodle
푸들

완성 사이즈 15~20cm(얼굴에서 엉덩이 길이 기준)

모델 : 시루

2012년생 | ♂ | 7kg | 동화동

견생 뭐 있어? 간식 먹고 노는 거지.
고양이가 꿈인 한량 빵 선생.

양모

	메인	선택
형태	아이보리색	양모솜
털	갈색 웨이브	초콜릿색
피부 베이스	핑크색	보라색
눈, 입라인, 발바닥 패드	검은색	

도구 및 기타 재료

1구 바늘(초기, 마무리 작업용), 3구 또는 5구 바늘

눈 한 쌍(8mm), 코(10mm), 철사, 모루

쪽가위, 송곳, 접착제, 자

【 얼굴 형태 만들기 】

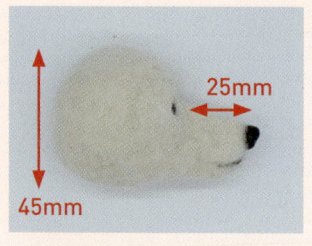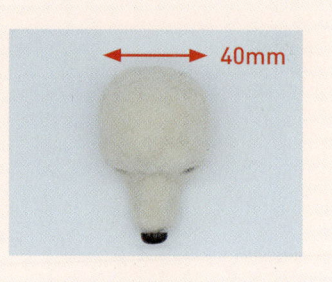

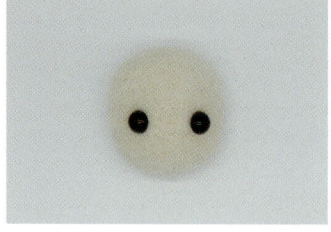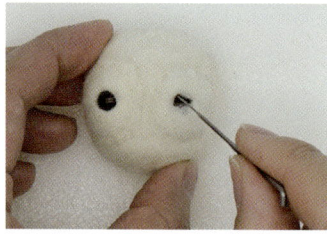

Tip. 닮게 만들기 포인트 <눈>
미간 거리에 유의하며 아몬드 형태로 만든다.

1 지름 약 40mm 구를 만든 후 눈을 끼워 고정한다. 접착제는 소량만 바른다. 눈구멍을 낼 땐 끝이 얇고 뾰족한 가위나 쪽가위를 사용한다.

2 눈꺼풀을 만들어 붙여 눈매를 잡는다. 플라스틱 눈에 흠집이 나지 않도록 주의한다. 부위별 만들기-눈꺼풀(88쪽)

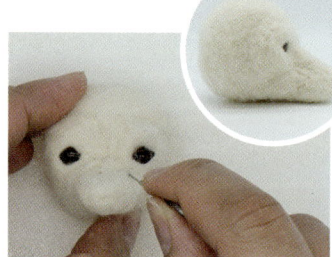

Tip. 닮게 만들기 포인트 <주둥이>
주둥이는 머리부의 길이만큼 길게 만든다.

3 스펀지 위에서 주둥이 형태를 다져 만든다. 얼굴에 연결할 부위는 너무 답답해지지 않도록 한다.

4 주둥이를 눈 밑에 올리고 둘레를 깊이 찔러 고정한다. 살 붙일시 덩어질 경우 양모솜을 살짝 얹어 찌른다.

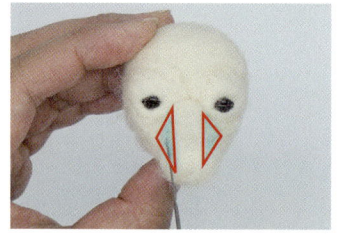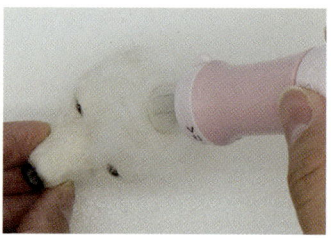

5 양쪽 눈 밑에서 코로 향하는 부위를 찔러 콧대를 만든다. 수성펜이나 기화펜으로 가이드 선을 그린 후 찌른다.

6 코를 끼워 넣고 검은색 양모를 가느다랗게 뽑아 찔러 입라인을 표현한다.

7 양모솜으로 이마와 정수리에 볼륨을 넣고 전체적인 두상을 점검한다.

【 몸통 형태 만들기 】

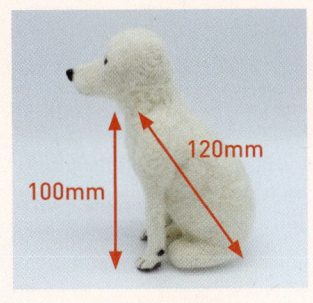

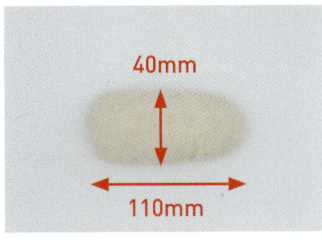

1 한쪽이 살짝 좁은 형태로 몸통을 다져 만든다. 넓은 쪽이 가슴 방향이 된다.

2 구부린 형태의 뒷다리를 한 쌍 만든다. 부위별 만들기-발과 다리(90쪽)

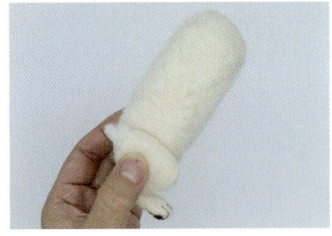

3 왼쪽 다리의 위치를 잡아보는데 이때, 모루를 꽂을 지점을 표시해 구멍을 낸다.

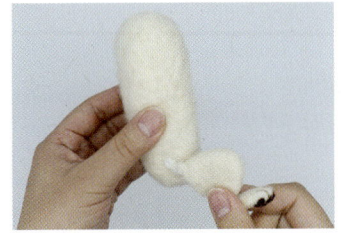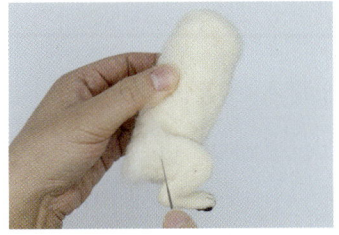

4 다리를 끼워 넣고 연결 부위에 양모를 얹어 충분히 찌른다.

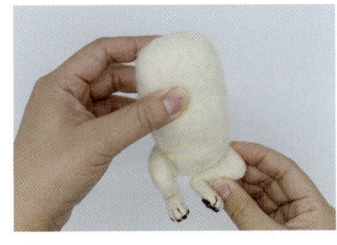

5 반대쪽 다리도 같은 방법으로 몸통에 단단히 고정한다.

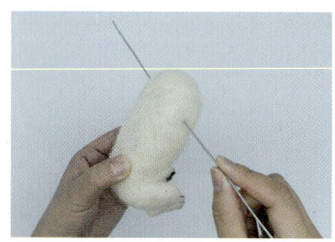  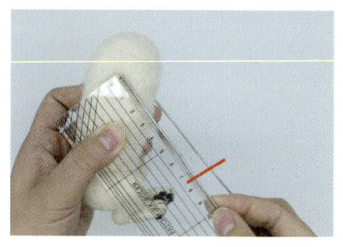

6 몸통에 철사를 끼운 후 양쪽을 90도로 꺾어 ㄷ자 형태가 되도록 한다.

7 양쪽 철사의 어깨에서 75mm 지점을 각각 표시한다.

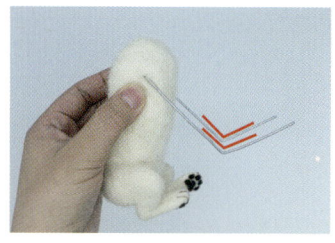  

8 완만한 V자 형태가 되도록 꺾는다.

9 V자 중앙을 기준으로 10mm 지점을 표시한 후 펜치로 잘라낸다.

10 모루로 양쪽 철사를 감는다. 발끝 쪽이 너무 두꺼워지지 않도록 주의한다.

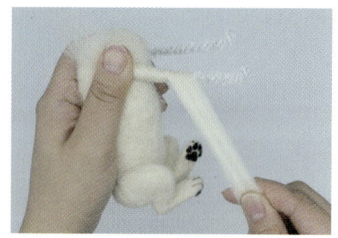

11 양모를 길게 뽑아 단단하게 감은 후 스펀지 위에서 찔러 고정한다.
바늘이 부러지기 쉽기 때문에 꼭 초기 작업용 바늘을 사용한다.

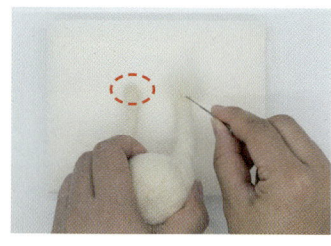  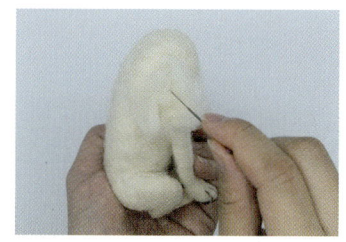

12 앞발 끝은 양모를 덧대 바늘로 찔러 5mm 정도씩 연장한다.

13 발가락과 발바닥 패드를 만든다. 부위별 만들기-발가락(92쪽), 발바닥 패드(94쪽)

14 어깨 부위에 양모를 얹고 충분히 찔러 단단히 고정한다.

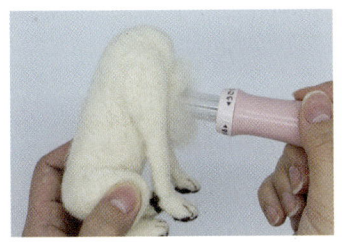  

Tip. 닮게 만들기 포인트 〈몸매〉

체형을 관찰한 후 양모솜으로 볼륨을 조절한다.

15 앞가슴과 등에 볼륨을 넣어 몸통 형태를 보완한다.

16 얼굴과 몸통을 모루로 연결한다. 목둘레에 양모를 얹어 충분히 찌른다.

【 털 표현하기 】

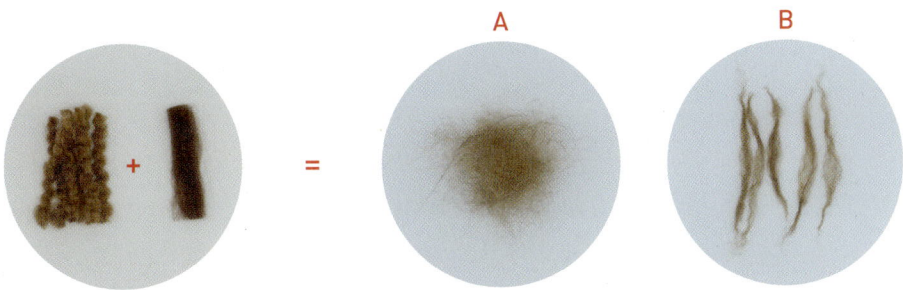

2mm 간격으로 식모한다. 모색에 가까운 웨이브 양모를 선택해 전체에 심어도 좋지만, 베이직 양모를 섞어 쓰면 한층 정확한 색상 표현이 가능하다. 웨이브 양모와 초콜릿색 양모를 결 없이 섞어 부착하거나(사진 A), 결을 유지해 섞은 후 소량씩 돌돌 말아 심는다. (사진 B) 기본 테크닉-털 섞기[31쪽]

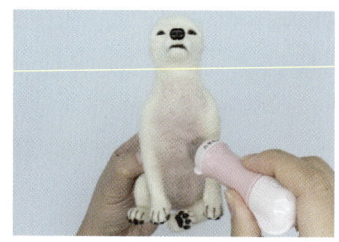
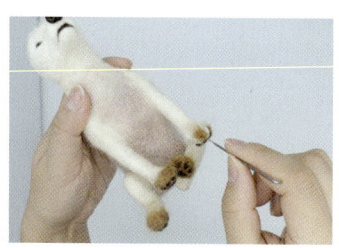

1 가슴과 엉덩이에 핑크색 양모를 얇게 펼쳐 부착한다.

2 웨이브 양모와 초콜릿색 양모를 결 없이 섞어(A 방법) 발바닥과 발가락에 부착한다.

3 웨이브 양모와 초콜릿색 양모를 결대로 섞은 후 소량씩 말아(B 방법) 발등에서 어깨까지 V자로 심어 올린다. 심기 어려운 안쪽 부위는 다리를 잠시 펼친 후 심어도 좋다. 기본 테크닉-털 표현(34쪽)

4 심은 털들을 고르게 펼친 후 가위나 클리퍼로 다듬는다. 한 번에 싹둑 자르기보다 조금씩 조심스럽게 자른다.

5 같은 방법으로 뒷다리도 심어 다듬는다.

6 웨이브 양모와 아이보리색 양모를 결 없이 섞어 가슴 중앙부터 아랫배까지 색을 입힌다.

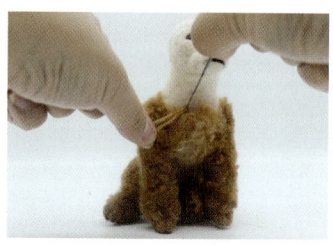

7 어깨선까지 웨이브 양모를 V자로 심고 짧게 잘라 정리한다.

8 웨이브 양모와 핑크색 양모로 꼬리심을 만든다. 부위별 만들기-꼬리심(95쪽)

9 꼬리심에 웨이브 양모를 V자로 심어 채운다. 연결 부위는 조금 남겨둔다.

10 웨이브 양모를 손으로 살살 펼친다.

11 펼친 양모를 동그란 모양으로 잘라 정리한다.

  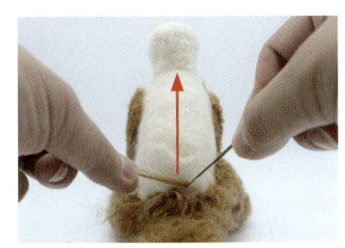

12 구멍을 내 꼬리를 끼우고 웨이브 양모를 둘러 찔러 고정한다.

13 엉덩이와 등 부위는 B 방법으로 V자 심기 한 후 다듬는다.

  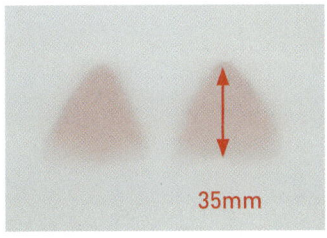

14 목둘레에는 웨이브 양모를 접어심거나 꼬아 심어 한층 곱슬 느낌을 강조한다. 기본 테크닉-털 표현(35쪽)

15 아래턱은 웨이브 양모를 여러 가닥으로 나눠 V자로 심어 채운 후 자르고 바늘로 살살 찔러 정리한다.

16 핑크색 양모로 귀심 한 쌍을 만든다. 부위별 만들기-귀심(90쪽)

17 웨이브 양모와 초콜릿색 양모를 섞어 귀털을 만든다.

18 섞은 양모를 귀심 양쪽 면에 부착한다.

19 서 있는 모양대로 귀를 부착한 후 아래로 접어 살살 찔러 고정한다.
귀가 잘 안 붙는다면 양모 솜을 얇게 얹어 바늘로 찔러 고정한다.

20 귀를 부착한 라인을 따라 양모를 여러 가닥 심어 풍성하게 보완하고 다듬는다.

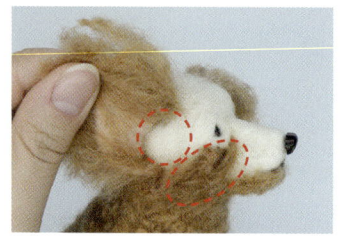 

21 눈 밑은 B 방법으로 V라인 심기하고 귀가 덮이는 부분은 A 방법으로 부착한다.

22 뒤통수, 이마, 미간까지는 양모를 B방법으로 섞어 V자 심기를 한다.
이마 쪽은 중간중간 접어심기를 해 풍성한 웨이브를 표현한다.

23 아래 눈꺼풀엔 초콜릿색 양모를 가늘게 뽑아 V자로 심고 털 결 방향대로 정리한다.

24 위 눈꺼풀도 같은 방법으로 심고 결 방향대로 정리해 다듬는다. 플라스틱 눈에 흠집이 나지 않게 주의한다.

25 B 방법으로 위턱을 V라인으로 심어 채운 후 코를 중심으로 펼쳐 다듬는다.

26 검은색 양모를 가늘게 뽑아 눈 밑 선에 찔러 점막을 표현한다.
마무리 작업용 1구 바늘을 사용한다.

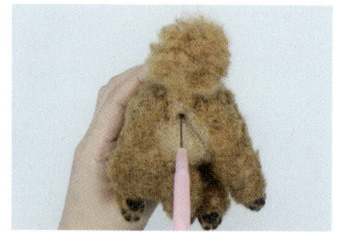 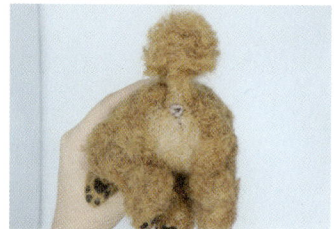

27 꼬리심 밑에 송곳으로 구멍을 내 검은색 양모를 찔러 넣고 핑크색 양모를 둘러 찌른다.

28 가슴에 있는 무늬 털을 심어 다듬는다.

 Tip. 닮게 만들기 포인트 <기타 특징>

우리 강아지만의 특징(무늬 털 등)을 찾아 디테일하게 만든다.

maltese
몰티즈

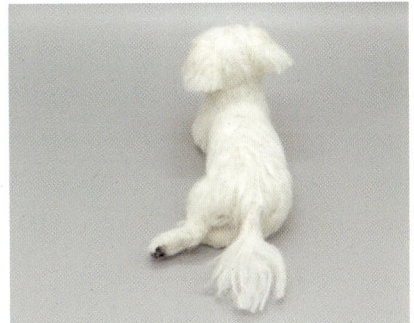

완성 사이즈 15~20cm (얼굴에서 엉덩이 길이 기준)

모델 : 해피
2012년생 | ♀ | 4.5kg | 방배동

건식보다 산책이 좋아요
산책은 좋은데 씻는 건 싫어요

양모		메인		선택
형태		아이보리색		양모솜
털		아이보리색 스트레이트		
피부 베이스		핑크색		밤부(특수섬유)
눈, 입라인, 발바닥 패드		검은색		보라색
눈물 자국				적갈색

도구 및 기타 재료 1구 바늘(초기, 마무리 작업용), 3구 또는 5구 바늘
눈 한 쌍(10mm), 코(10mm), 모루
쪽가위, 송곳, 접착제, 자

【 얼굴 형태 만들기 】

 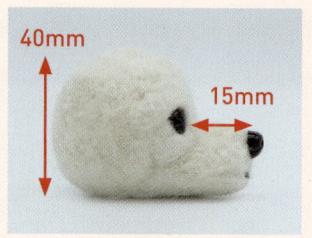 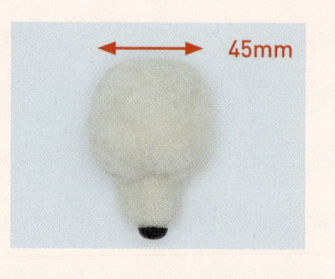

Tip. 닮게 만들기 포인트 <눈>

미간 거리에 유의하며 둥글게 만든다.

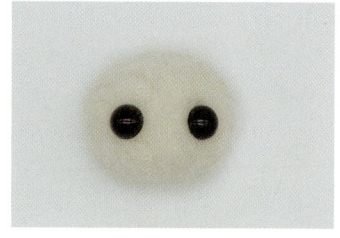

1 지름 약 40mm 구를 만든 후 소량의 접착제를 발라 눈을 끼운다. 눈구멍을 낼 땐 쪽가위나 끝이 얇고 뾰족한 가위를 사용한다.

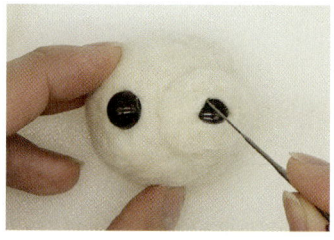

2 눈꺼풀을 만들어 붙여 눈매를 표현한다. 플라스틱 눈에 흠집이 나지 않도록 주의한다. 부위별 만들기-눈꺼풀(88쪽)

Tip. 닮게 만들기 포인트 <주둥이>

주둥이는 머리 길이의 절반에 못 미치는 길이로 만든다.

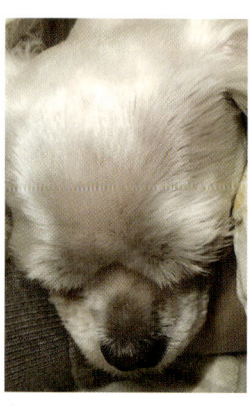

3 스펀지 위에서 주둥이 형태를 다져 만든다. 얼굴에 연결할 부위는 너무 탄탄해지지 않도록 한다.

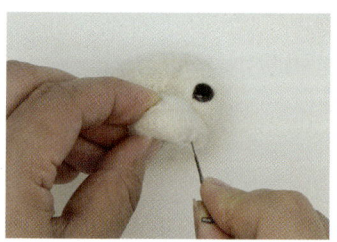

4 주둥이를 눈 아래에 올리고 둘레를 깊이 찔러 고정한다.

5 눈 밑에서 코로 향하는 부위를 찔러 콧대를 만든다

6 가위집을 내 코를 끼우고 검은색 양모를 가느다랗게 뽑아 입라인을 표현한다.

【 몸통 형태 만들기 】

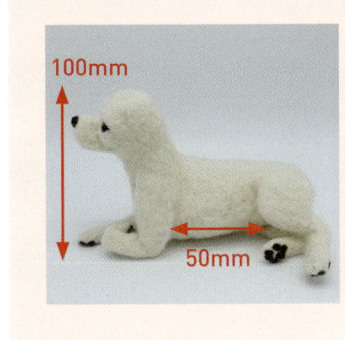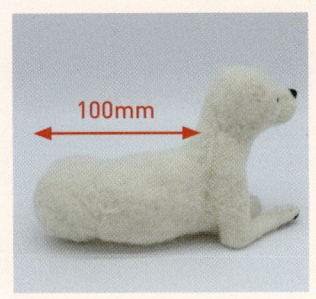

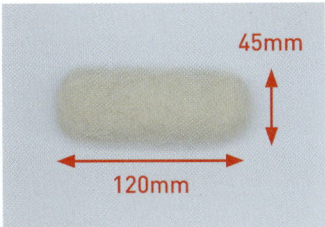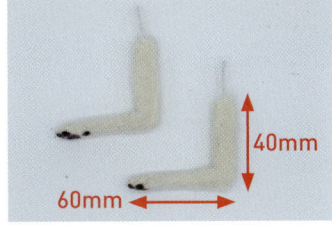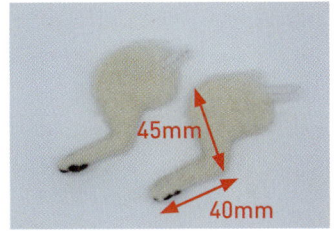

1 원통형 몸통을 다져 만든다.

2 L자 형태의 앞다리와 구부러진 형태의 뒷다리를 만든다. 부위별 만들기-발과 다리(90쪽)

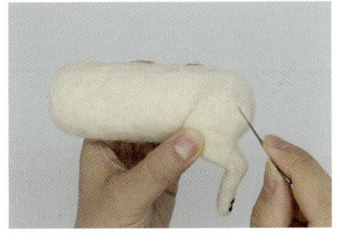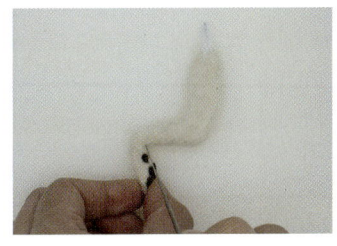

3 왼쪽 뒷다리의 위치를 잡고 가위집을 내고 꽂아 넣은 후 양모를 얹어 바늘로 찔러 고정한다.

4 오른쪽 뒷다리도 같은 방법으로 단단히 고정한다.

5 왼쪽 앞발 끝에서 30mm 위치를 찔러 구부러진 형태로 만든다. 접히는 선을 찔러주면 손쉽게 고정된다.

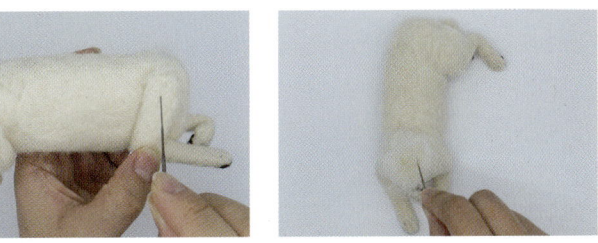

6 몸통에 구멍을 내 각 앞다리를 꽂아 넣은 후 양모를 얹어 바늘로 찔러 고정한다.

7 목을 연결할 부위에 양모를 두둑이 얹어 바늘로 찔러 15mm 높이로 쌓아 올린다. 너무 단단해지지 않도록 적당히 찌른다.

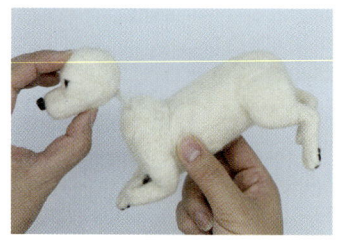 

8 얼굴과 몸통을 모루로 연결한 후 양모를 둘러 충분히 찌른다. 목 길이가 길어지지 않도록 주의한다.

【 털 표현하기 】

기본 2~3mm 간격으로 심되 모량에 따라 조절한다. 심는 양모의 길이 또한 미용 상태에 따라 응용한다. 광택이 있는 모질을 표현하고 싶다면 반짝이는 섬유를 섞어 사용할 수 있다.

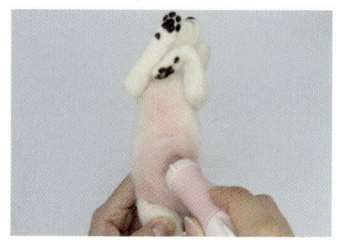 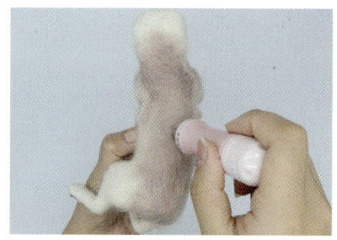

1 핑크색 양모로 배, 등, 목 부위 등에 색을 입힌다. 외인 빛의 등 피부는 보라색을 섞어 표현할 수 있다.

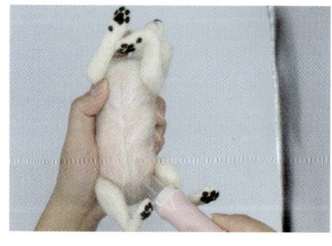 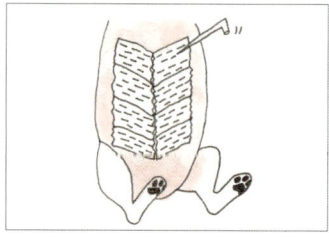 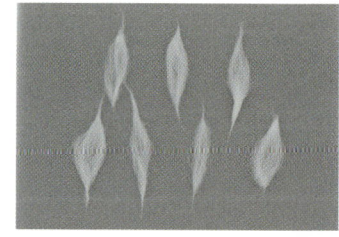

2 스트레이트 양모를 30mm 길이로 잘라 배 중심선을 향해 양쪽에서 사선 방향으로 부착한다.

3 30mm로 자른 양모를 소량씩 잡고 끝을 말아 준비한다. 기본 테크닉- 털 표현(35쪽)

 Tip. 닮게 만들기 포인트 <털>

반곱슬 느낌을 말아 심기로 표현한다. 우리 강아지 털이 직모라면 말지 않고 그대로 심는다.

 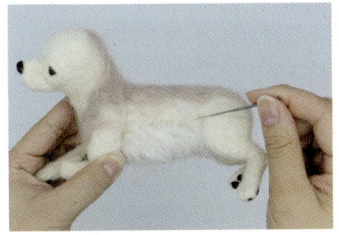

4 30mm로 준비한 양모를 옆구리 라인에 펼쳐 올려 넓은 V라인 심기를 한다.

5 같은 방법으로 한 단씩 심어 올려 어깨에서 허벅지 라인까지 맞춰 채운다.

 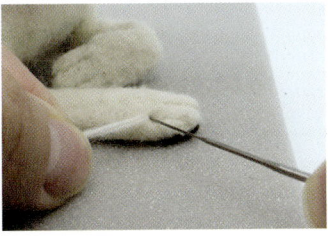

6 반대쪽 옆구리도 같은 방법으로 심어 채워 올린다. 털 방향은 뒤쪽 엉덩이 방향으로 흐르게 정리한다.

7 앞다리는 발끝 10mm 지점부터 V라인으로 심기 시작한다. 얇은 부위에 털을 심을 때는 수직으로 심지 않고 비스듬히 찔러 심는다.

8 같은 방법으로 어깨선까지 심어 올린다.

9 반대쪽 다리도 어깨선까지 심어 올린 후 긴 털은 잘라 다듬는다. 접힌 발을 살짝 펼쳐 심은 후 다시 접어 고정한다.

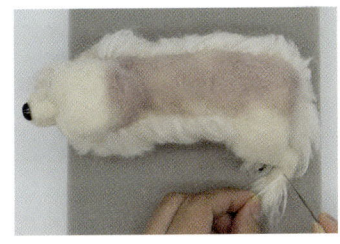 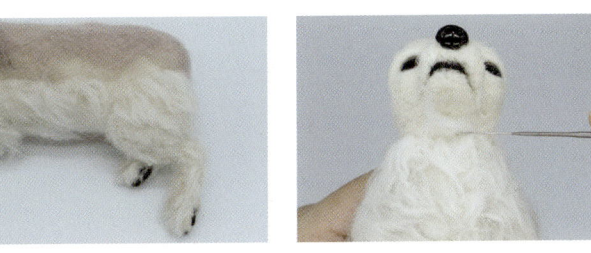

10 뒷다리도 발끝부터 허벅지 라인까지 V라인 심기 하고 잘라 정리한다.

11 가슴과 목 앞부분은 양모를 30mm로 잘라 말아 심기 한다.

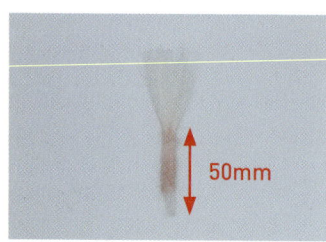  

12 아이보리색 스트레이트 양모와 핑크색 양모로 꼬리심을 만든다. 부위별 만들기-꼬리심(95쪽)

13 약 15mm 위치에 스트레이트 양모를 V자로 심어 채운다.

14 아래쪽 남은 부위엔 30mm 길이로 자른 양모를 결 방향대로 감싸 찔러 부착한다.

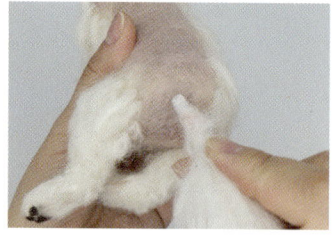 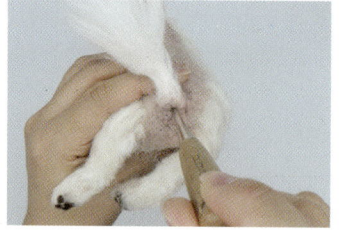

15 꼬리를 끼우고 둘레에 핑크색 양모를 덮어 찔러 고정한다.

16 꼬리심 가장 밑 부분에 구멍을 낸 후 검은색 양모를 소량 찔러 넣는다.

17 꼬리 아래쪽은 말아 심기로 채우고 결 방향대로 정리한다.

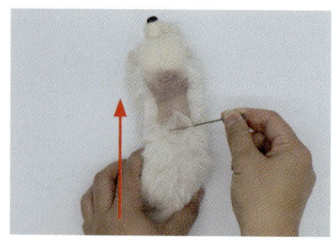 

18 엉덩이부터 목덜미까지 남은 면적도 말아 심기를 한 후 결 방향대로 정리한다.

19 양모를 가늘게 뽑아 아래턱을 V자로 심어 채운다. 적갈색 양모를 조금씩 섞어 심어 착색된 느낌을 표현한다.

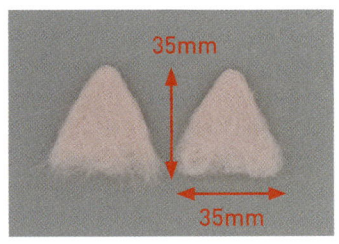

20 핑크색 양모로 귀심 한 쌍을 만든다. 부위별 만들기-귀심(90쪽)

21 스트레이트 양모를 한쪽 면에 결대로 부착한다.

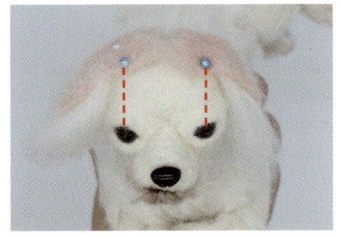

22 사진의 위치를 참고해 시침핀으로 귀 위치를 잡는다.

 Tip. 닮게 만들기 포인트 <귀>

삼각형 모양의 귀는 긴 털로 덮여 길게 늘어져 있다. 부착 위치에 유의한다.

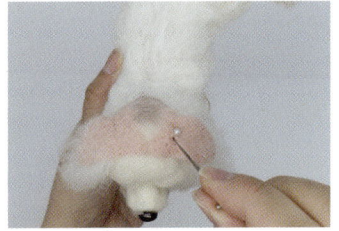

23 시침핀 라인을 따라 깊이 찌르고 시접 부위도 모두 단단히 부착한다.

24 귀를 부착한 선을 따라 양모를 길게 V라인 심기 한다.

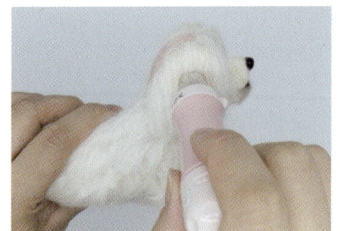

25 바늘로 살살 찔러 정리하고 적당한 길이로 다듬는다.

26 양모를 30mm 길이로 잘라 턱부터 귀밑까지 말아 심기로 채워 넣는다.

27 이마와 눈가에 핑크색과 검은색 양모를 입혀 피부 베이스를 표현한다.

 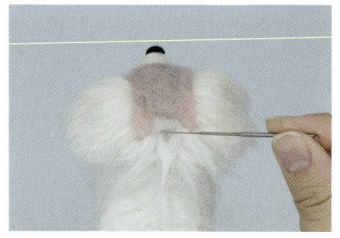

28 눈 밑을 V라인 심기로 채운 후 방향이 뒤통수 쪽으로 흐르게 정리한다.

29 뒤통수에서 정수리는 양모를 약 40mm로 잘라 말아 심기 한다.

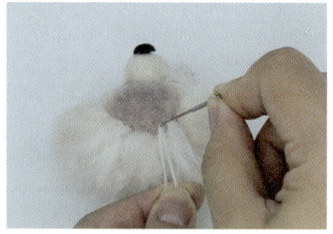 

30 정수리에서 미간은 V라인 심기를 하고 바늘로 살살 찔러 정리한다.

 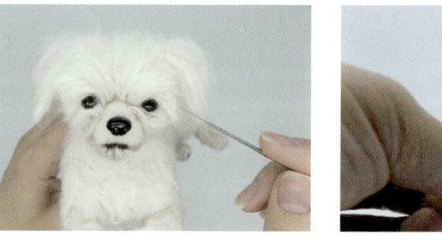

31 위 눈꺼풀도 같은 방법으로 심은 후 결 방향대로 정리한다.

32 위턱을 V라인으로 심어 채우고 코를 중심으로 퍼지도록 정리해 다듬는다.

 Tip. 닮게 만들기 포인트 <기타 특징>

눈물 자국마저도 사랑스러운 우리 강아지. 양모나 물감, 파스텔 등으로 표현할 수 있다.

 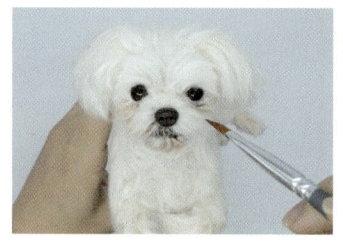

33 검은색 양모를 가늘게 뽑아 눈 테두리에 둘러 찌른다. 눈 형태가 변형될 수 있으니 힘 조절에 주의한다.

34 적갈색 섬유물감을 물에 살짝 개어 눈물 자국을 표현한다. 납작붓을 세워 사용한다.

chihuahua
장모치와와

완성 사이즈 15~20cm (얼굴에서 엉덩이 길이 기준)

모델 : 다롱

2013년생 | ♀ | 4.6kg | 검암동

몸도 마음도 튼튼 혼자서도 잘 노는
우주최고 귀염둥이, 애교둥이 사랑둥이

양모		메인	선택
형태		아이보리색	양모솜
털		아이보리색 스트레이트 황토색	밤부(특수섬유)
피부 베이스		핑크색	보라색
눈, 입라인, 발바닥 패드		검은색	
흰자		아이보리색	

도구 및 기타 재료

1구 바늘(초기, 마무리 작업용), 3구 바늘 또는 5구 바늘, 역바늘
눈 한 쌍(10mm), 코(9mm), 모루
쪽가위, 송곳, 접착제, 자

【 얼굴 형태 만들기 】

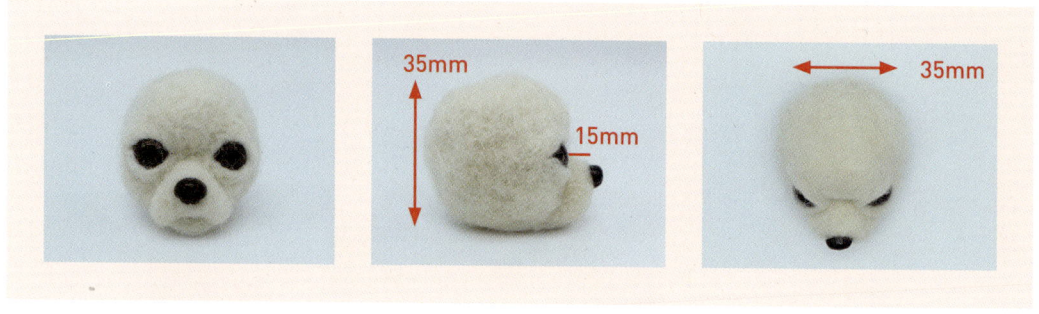

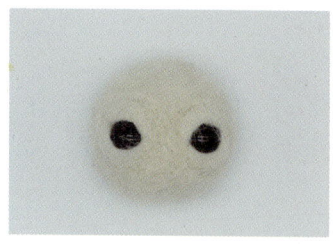

1 지름 35mm 구를 만들어 눈을 끼우고 눈꺼풀을 붙인다. 부위별 만들기-눈꺼풀(88쪽)

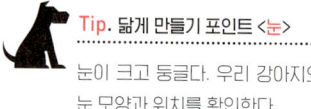

Tip. 닮게 만들기 포인트 <눈>

눈이 크고 둥글다. 우리 강아지의 눈 모양과 위치를 확인한다.

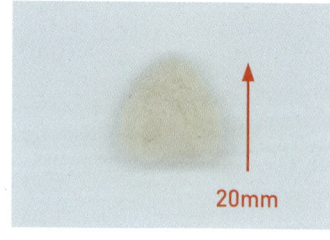

2 위턱을 반원 모양으로 다져 만들어 눈 밑 선에 찔러 고정한다.

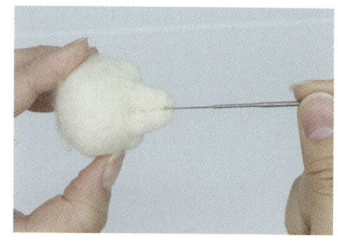

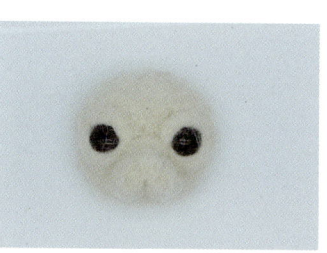

3 위턱 아랫면의 중앙선을 찔러 정면에서 봤을 때 뒤집어진 하트 모양이 되도록 한다.

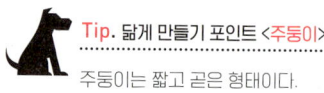

Tip. 닮게 만들기 포인트 <주둥이>

주둥이는 짧고 곧은 형태이다.

4 아래턱을 만들어 위턱 아래에 겹쳐 바늘로 찔러 부착한다.

5 코를 끼워 넣고 미간이 움푹 파이도록 찌른다.

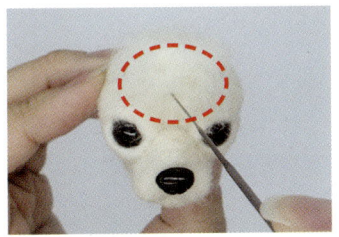

Tip. 닮게 만들기 포인트 〈두상〉

치와와는 동글동글 사과 같은 두상이 특징이다. 충분히 둥글게 표현한다.

6 양모솜을 이마에 두둑이 얹고 찔러 돌출된 형태로 만든다.

【 몸통 형태 만들기 】

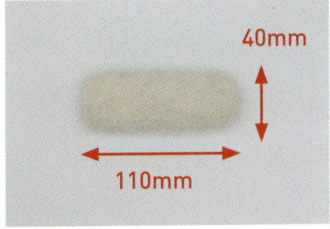
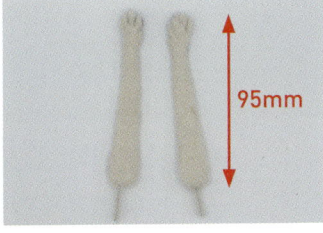

1 원통형 몸통을 다져 만든다.

2 앞다리와 뒷발을 만든다. 앞다리에만 모루를 넣는다. 부위별 만들기-발과 다리(90쪽)

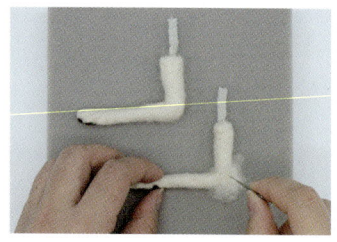 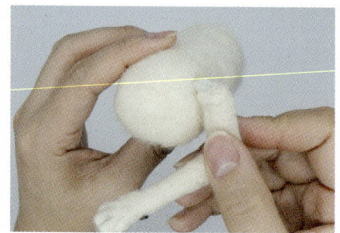

3 앞다리 발끝 60mm 지점을 꺾어 구부린 형태로 만든다. 뒤꿈치에 양모를 덧대 보완한다.

4 송곳으로 구멍을 내 모루를 꽂고 양모를 얹어 찔러 고정한다.

 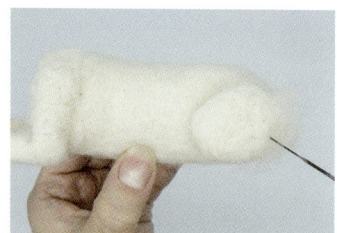

5 허벅지 모양을 스펀지 위에서 만들어 몸통에 찔러 부착한다.

6 허벅지 아래에 뒷발 시접 부위를 찔러 부착한다.

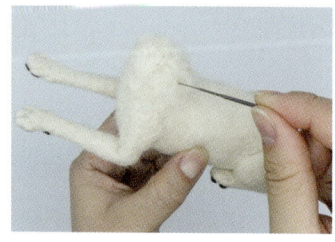 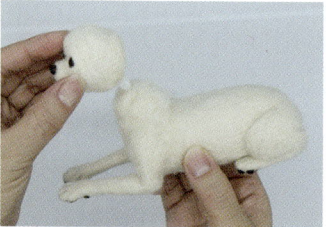

7 양모를 두둑이 얹고 찔러 목 형태로 쌓아 올린다.

8 모루로 얼굴을 연결하고 양모를 둘러가며 찔러 단단히 고정한다.

【 털 표현하기 】

털은 2~3mm 간격으로 심는다. 무늬 경계선에 무늬색과 기본색을 섞어 심으면 더 자연스러운 표현이 가능하다. 광택을 표현하고 싶다면 밤부 등 특수섬유를 섞어 심는다.

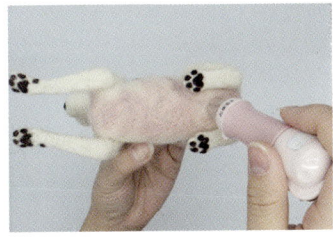
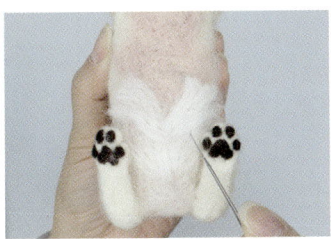
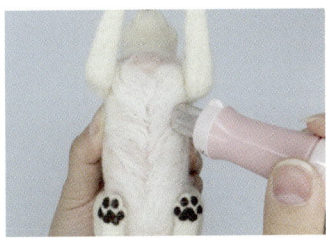

1 가슴에서 배까지 핑크색 양모를 입혀 피부 베이스를 표현한다.

2 배 중심선을 기준으로 양모를 V자 형태로 부착한다.

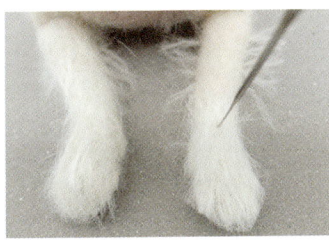
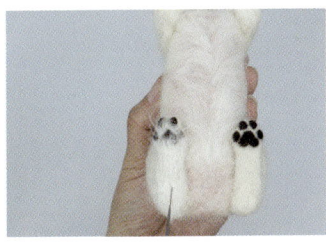

3 앞다리 바깥 라인을 따라 3~4mm 간격으로 한 줄 V라인 심기를 한다. 기본 테크닉-털 표현(34쪽)

4 양모를 15mm로 잘라 앞발 끝에서 앞다리 뒤꿈치까지 층층이 붙여 나간다.

5 뒷발바닥도 같은 방법으로 결을 유지해 털을 부착한다.

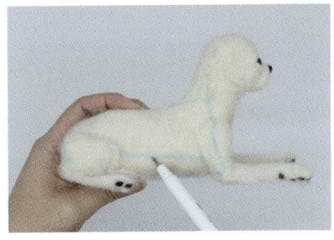

6 수성펜 또는 기화펜으로 무늬선을 그려 넣는다.

7 아이보리색①과 황토색③을 섞어 중간색②을 만든다.

8 앞발목부터 어깨선까지 V자 심기로 채워 올린다. 무늬 선 경계에는 중간색을 심는다.

9 같은 방법으로 양쪽 허벅지도 심어 채운다.

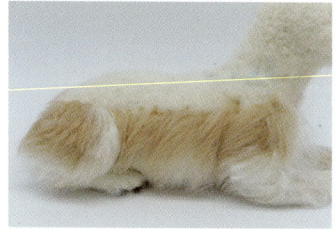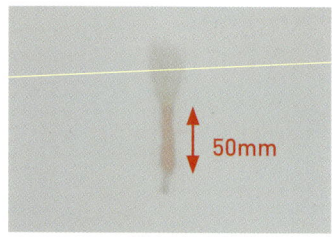

10 어깨선과 허벅지선에 맞춰 옆구리를 V라인 심기로 채운다.

11 핑크색과 아이보리색 양모로 꼬리심을 만든다. 부위별 만들기-꼬리심 (95쪽)

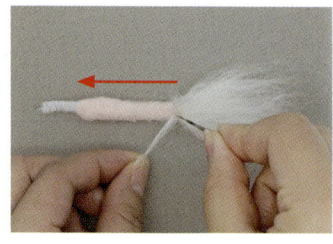

12 아이보리색 양모를 길게 잘라 앞면을 V라인 심기로 채운다.

13 같은 방법으로 양 옆면은 아이보리색과 황토색을 섞은 중간색으로 심는다.

14 남은 면적은 황토색으로 심어 채운다.

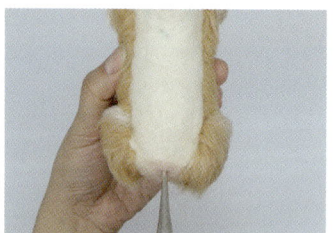

15 가위로 잔털을 다듬고 살짝 구부린다.

16 구멍을 내 꼬리를 끼워 넣은 후 핑크색 양모를 둘러가며 찔러 고정한다.

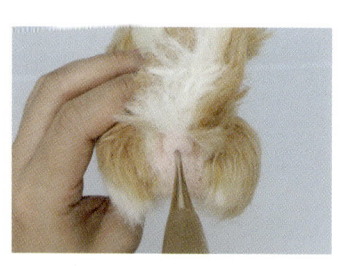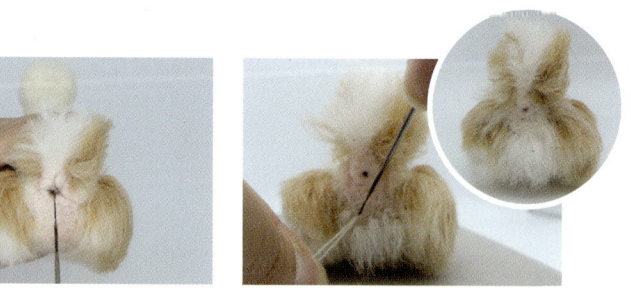

17 꼬리심 밑동에 송곳으로 구멍을 내고 검은색 양모를 소량 찔러 넣는다.

18 꼬리 아래 면적은 V라인 심기로 채운 후 정리한다.

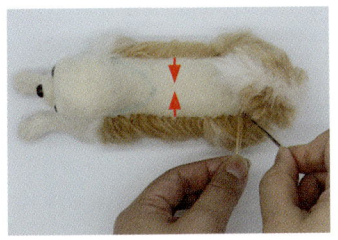  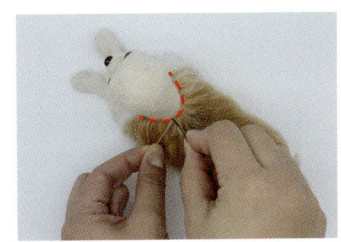

19 황토색 양모를 양쪽 옆구리에서 등을 향해 V라인 심기로 심어 올린다. 등 중앙 부위에는 짙은 갈색을 조금 섞어 심는다.

20 아이보리색과 맞닿게 될 부분은 중간색으로 V라인 심기 한다.

 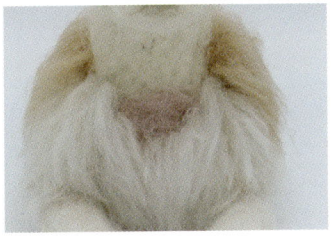

21 목 아래 가슴 부위는 아이보리색으로 V라인 심기를 한다.

  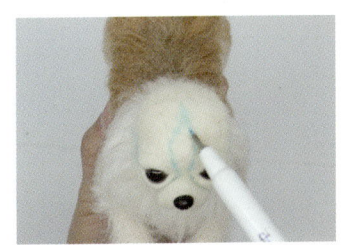

22 목둘레는 다른 부위보다 조금 길게 잘라 심은 후 다듬는다.

23 얼굴에 무늬 선을 그려 넣는다.

24 양모를 짧게 잘라 턱선부터 눈 밑까지 층층이 부착해 간다.

25 위턱과 아래턱에는 양모를 잘게 뜯어 올린 후 충분히 찔러 부착한다.

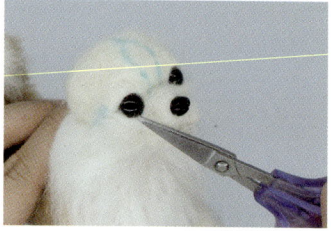

26   주둥이를 역바늘로 찌른 후 빠져나온 양모를 가위로 짧게 잘라 정리한다. (과정을 생략해도 된다)

27   핑크색과 보라색을 섞어 귀심 한 쌍을 만든다. 부위별 만들기-귀심(90쪽)

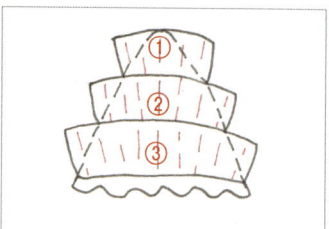

28   앞면의 바깥 라인에 아이보리색 양모를 결대로 부착한다.

29   뒷면에는 ①-②-③ 순으로 양모를 겹쳐 올린 후 가볍게 찔러 부착한다.

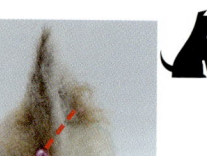

30   바깥쪽 라인을 따라 가위로 잘라 정리한다. 물을 뿌린 후 다리미로 살짝 눌러주면 납작해진다.

31   시침핀으로 귀를 임시 고정한다.

Tip. 닮게 만들기 포인트 〈귀〉
직립해 있는 삼각형 큰 귀는 뿌리가 넓고 끝으로 갈수록 뾰족해진다. 부착 위치에도 주의한다.

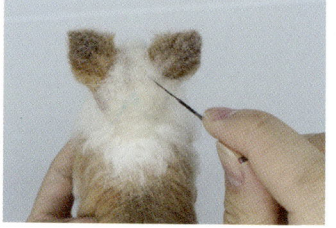

32   시침핀 라인을 따라 깊이 찔러 고정한다.

33   반대쪽 귀도 부착한 후 양모솜을 주변에 얹어 바늘로 찔러 정돈한다.

34 무늬선에 맞춰 뒤통수를 V라인으로 심어 채워간다.

35 아이보리색과 황토색이 만나는 경계선에는 중간색을 심는다. 정수리로 갈수록 길이를 짧게 한다.

 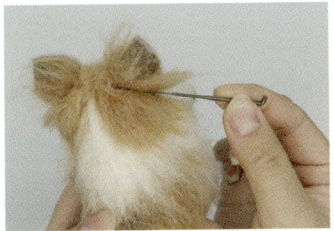

36 황토색 양모를 짧게 잘라 무늬털도 채워 심는다.

37 귀밑 선엔 양모를 길게 잘라 넓은 V라인 심기를 한다. 기본 테크닉-털 표현 [34쪽]

38 황토색과 아이보리 중간색으로 귀 앞 선을 따라 V라인 심기 한다.

39 앞 작업 밑 선에 10mm로 자른 양모를 결대로 찔러 붙인다.

40 같은 방법으로 이마 부위를 모색대로 붙여 채운다.

41 눈꺼풀에는 아이보리색을 짧게 잘라 결대로 부착한다.

42 아이보리색 양모를 눈에 둘러 흰자를 표현하고 그 바깥 선에 검은색 양모를 가늘게 둘러 찌른다. 마무리 작업용 1구 바늘을 사용한다.

43 위 눈꺼풀에 아이보리색과 검은색을 섞어 심어 짧게 자르고 코 주변에는 잘게 뜯어 부착한다.

44 검은색 양모로 입라인과 인중선을 찔러 표현한다.

spitz
스피츠

완성 사이즈 15~20cm (얼굴에서 엉덩이 길이 기준)

모델 : 뽀야

2014년생 | ♀ | 11kg | 중동

세상사람 모두를 좋아하지만
엄마만큼은 아냐, 친효과력 갑 눈덩천사

양모

	메인	선택
형태	아이보리색	양모솜
털	아이보리색 스트레이트	
피부 베이스, 혀	핑크색	보라색
눈, 입라인, 발바닥 패드	검은색	

도구 및 기타 재료

1구 바늘(초기, 마무리 작업용), 3구 또는 5구 바늘
눈 한 쌍(8mm), 코(9mm), 철사, 모루
쪽가위, 송곳, 접착제, 자, 펜치

【 얼굴 형태 만들기 】

 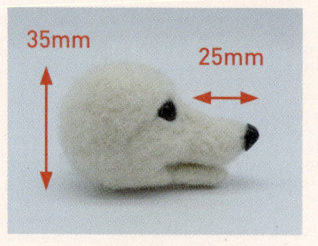 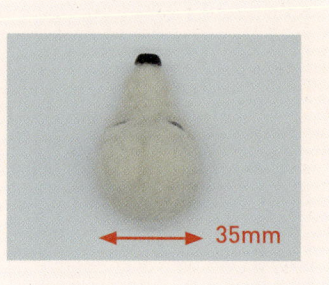

 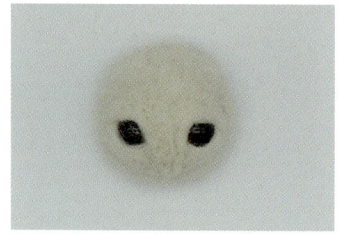

Tip. 닮게 만들기 포인트 <눈>

아몬드 모양으로 비스듬히 위치해 있다. 우리 강아지의 눈 모양과 위치를 관찰한다.

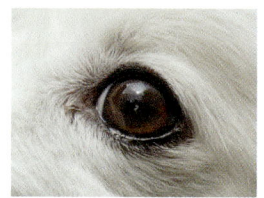

1   지름 35mm로 구를 만든 후 눈을 끼운다.

2   눈꺼풀을 붙여 눈매를 잡는다.
부위별 만들기-눈꺼풀(88쪽)

 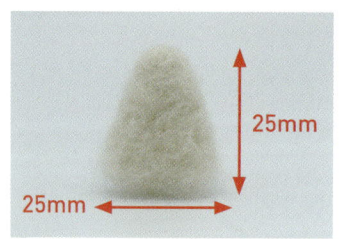

Tip. 닮게 만들기 포인트 <주둥이>

앞으로 갈수록 좁아지지만, 끝이 약간 둥근 형태이다. 주둥이의 모양과 길이를 관찰한다.

3   스펀지 위에서 위턱 모양을 다져 만든다. 얼굴에 부착할 부위는 너무 단단해지지 않도록 유의한다.

 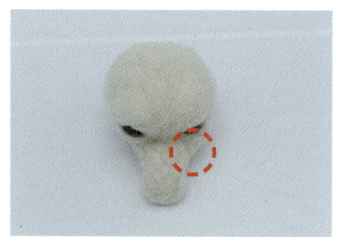

4   위턱을 눈 밑 선에 올리고 둘레를 깊이 찔러 고정한다.

5   양쪽 위턱과 얼굴선의 연결 부위에 양모솜(양모로 대체 가능)을 올려 살집을 넣는다.

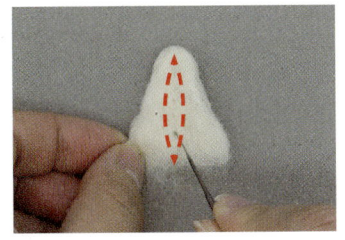

6 위턱보다 조금 짧게 아래턱을 만들고 중심을 일자로 찔러 살짝 구부린다.

7 아래턱 위치를 잡아본다. 위턱에 붙이지 않고 살짝 거리를 둔다.

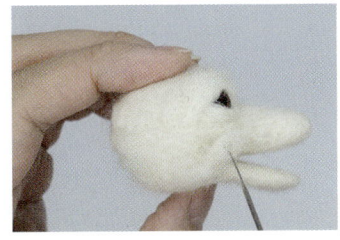
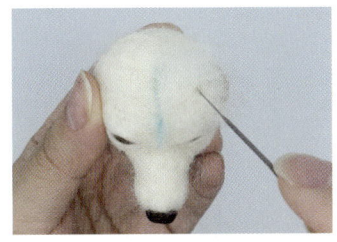

8 아래쪽 시접 부위를 찔러 부착한다.

9 위턱과 아래턱을 잇는 위치에 양모를 얹어 찌른다.

10 중심선을 기준으로 양쪽 이마에도 볼륨을 넣는다.

【 몸통 형태 만들기 】

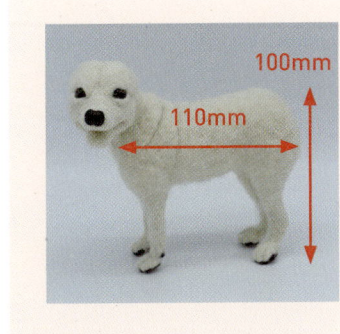
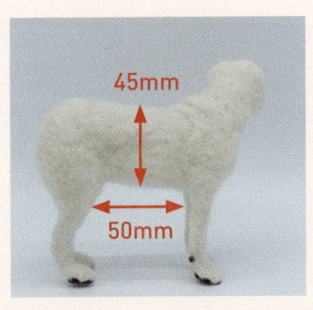

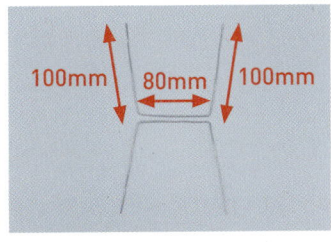

1 280mm 길이로 자른 철사 두 줄을 살짝 벌어진 ㄷ자 형태로 꺾는다.

2 겹치는 부위를 모루로 단단히 감아 고정한다.

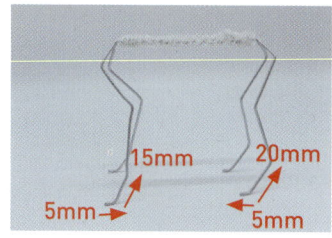 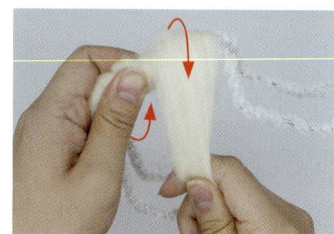

3 앞다리와 뒷다리를 펜치로 구부리고 네 다리를 모루로 감는다.

4 양모로 몸통을 세로 가로 각 한 바퀴씩 감아 초기 작업용 바늘로 찔러 고정한다. 바늘이 부러지지 않도록 주의한다.

 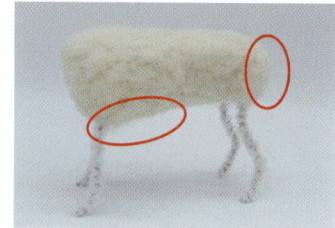

5 가슴과 엉덩이에는 살집을 충분히 넣는다.

 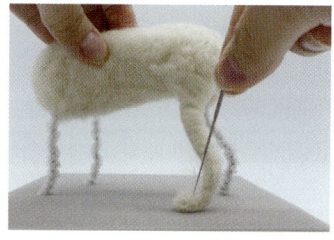

6 네 다리를 양모로 감아 찌르고 발끝은 양모를 덧붙여 살짝 연장한다.
한 번에 두툼하게 감으면 자칫 두꺼워질 수 있다. 얇게 반복해 감아 찌른다.

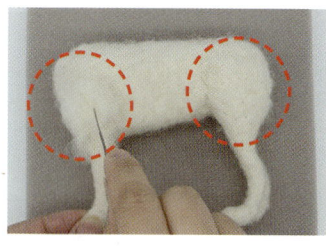  

7 어깨와 허벅지에 양모솜으로 볼륨을 넣는다.

8 검은색 양모로 발가락 선과 발바닥 패드를 표현한다. 부위별 만들기-발가락(92쪽)

9 양모를 두둑이 얹어 바늘로 찔러 목 형태를 만든다.

140

10 모루로 연결하고 목둘레에 양모를 얹어가며 찔러 고정한다.

【 털 표현하기 】

털은 1~2mm 간격으로 촘촘하게 심되 얼굴 앞면과 무릎 이하 다리는 단모로, 나머지는 장모로 표현한다. 목과 어깨, 앞가슴은 더 풍성하게 표현한다.

 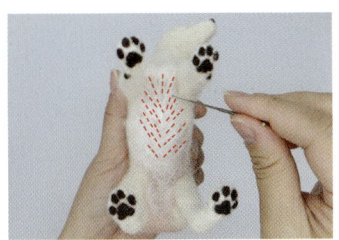

1 배와 엉덩이, 허벅지 안쪽에 핑크색 양모를 얇게 펼쳐 찌른다.

2 아랫배에는 양모를 결 없이 섞어 부착하고, 윗배에는 양모를 20mm 길이로 잘라 결대로 붙인다.

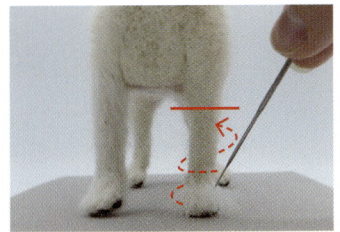 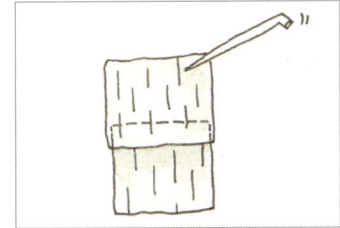

3 양모를 15mm 길이로 잘라 발끝부터 층층이 붙여 올린다. 네 다리 모두 같은 높이까지 부착한다.

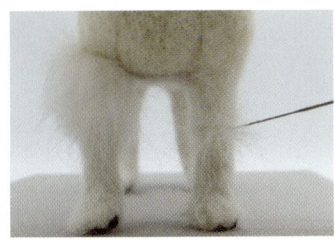 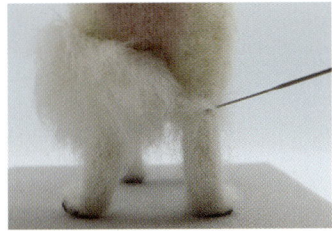

4 양모를 30mm로 잘라 앞다리와 뒷다리 남은 부위에 넓은 V라인 심기로 채워 올린다. 기본 테크닉-털 표현(34쪽)

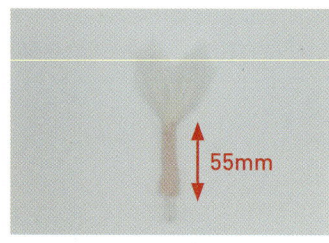  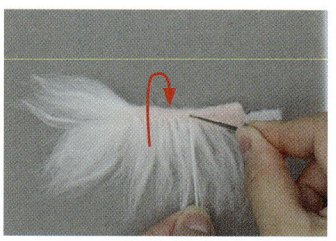

5 핑크색과 아이보리색 양모로 꼬리심을 만든다. 부위별 만들기-꼬리심 (95쪽)

6 가로 방향으로 V라인 심기를 한 줄 한다.

7 첫 줄과 만날 때까지 한 바퀴를 돌며 쭉 심는다.

8 꼬리가 살짝 구부러지게 정리해 가위로 다듬는다.

9 구멍을 내 꼬리를 꽂고 핑크색 양모를 둘레에 얹어 찔러 고정한다.

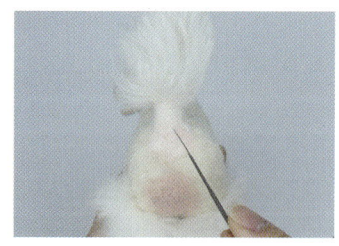 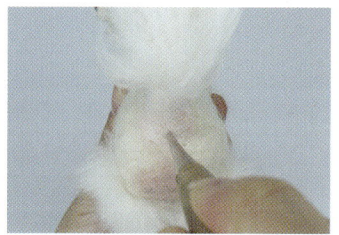

10 꼬리심 아래 부분은 양모를 결 없이 찔러 붙여 단모 표현을 한다.

11 꼬리심 밑동에 구멍을 내고 검은색 양모를 소량 찔러 넣는다.

12 양모를 50mm 길이로 잘라 엉덩이에 넓은 V라인 심기를 한다. 털이 중앙을 향해 모이도록 바늘로 살살 빗어 정리한다.

13 몸통 옆면도 같은 방법으로 심어 올린다. 반대쪽도 반복한다. 털 방향이 엉덩이 쪽을 향해 흐르도록 바늘로 살살 정리한다.

14 등 윗면 엉덩이에서 목까지도 넓은 V라인 심기로 채운다. 심은 털을 부채꼴 모양으로 펼쳐 '털이' 아래로 흐르도록 정리한다.

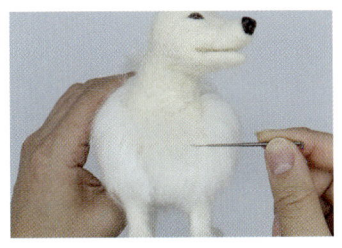 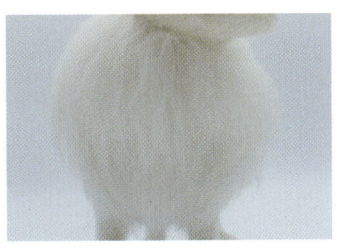

15 가슴과 목도 넓은 V라인 심기로 채워 올린다.

 Tip. 닮게 만들기 포인트 <털>

목과 어깨, 앞가슴은 풍성한 장모로 덮여 있다. 털을 좀 더 길고 촘촘하게 심는다.

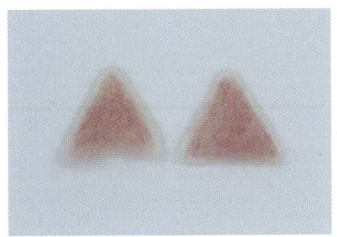 

16 아이보리색으로 귀심을 만든 후 한쪽 면에 핑크색 양모로 색을 입힌다. 부위별 만들기-귀심(90쪽)

17 핑크색 바깥 라인을 따라 양모로 결을 유지해가며 부착한다.

  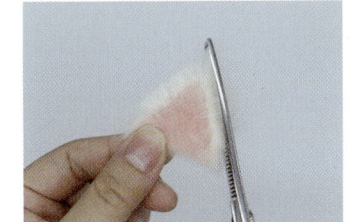

18 귀심 뒤쪽에도 양모를 결대로 올린 후 가볍게 찔러 부착한다.

19 바깥쪽 라인을 따라 잘라 정리한다. 귀가 너무 두껍다고 느껴질 땐 다리미로 살짝 누른 후 부착한다.

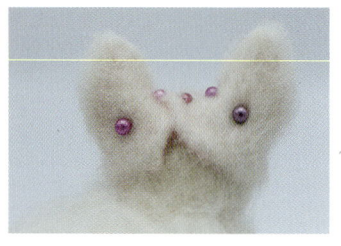 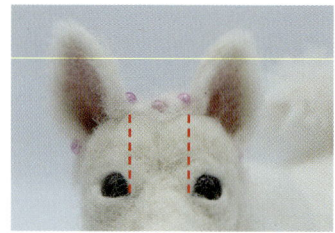

Tip. 닮게 만들기 포인트 <귀>

삼각형의 직립 귀로 거리는 그리 멀지 않다. 귀 모양과 위치에 유의해 부착한다.

20 시침핀으로 귀를 임시 고정한다.

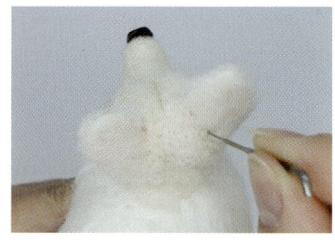 

21 시침핀 라인을 따라 깊이 찌른 후 나머지 시접 부위도 모두 찔러 단단히 고정한다. 양모솜을 조금씩 얹어 가며 찌르면 부착이 더 수월하다.

22 옆 목에서 귀밑을 넓은 V라인 심기로 채워 올린다.

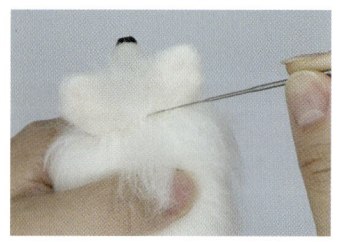 

23 목덜미에서 정수리도 같은 방법으로 심어 올린다.

24 앞 얼굴을 제외한 나머지 면적은 V라인으로 심는다. 털을 심기 전 먼저 핑크색 양모로 피부 베이스를 표현해도 좋다.

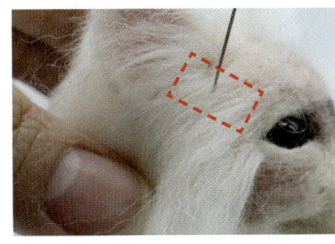
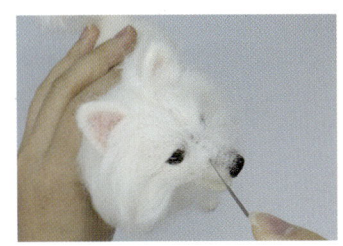

25   양모를 짧게 잘라 스펀지 위에서 끝쪽을 엉겨 붙게 찌른 후 주둥이를 제외한 얼굴에 결대로 부착해 간다.

26   주둥이는 양모를 결 없이 잘게 뜯어 부착해 단모로 표현한다.
역바늘로 찔러 뽑고 다듬어도 된다.

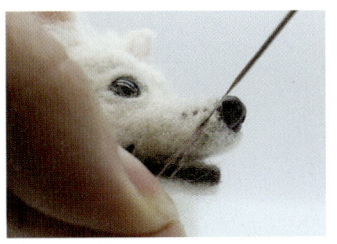

27   검은색 양모를 가늘게 뽑아 아랫입술과 눈 테두리에 둘러 찌른다.

28   검은색과 아이보리색을 섞어 코 주변에 V라인 심기한 후 바짝 잘라 수염구멍을 표현한다.

29   입 안쪽에 핑크색 양모를 찔러 색을 입힌다.

30   점토로 혀를 만들어 접착제로 부착한다. 핑크색 양모로 혀 모양을 만들어 붙여도 된다. 더 리얼하게 만들기-혀(180쪽)

Shar pei
샤페이

완성 사이즈 15~20cm(얼굴에서 엉덩이 길이 기준)

모델 : 링클이

2012년생 | ♀ | 20kg | 대장동

나 지금 쳐다 있는 거예요. 화난 거 아니에요.
퍼피더 아닌 주름요정

		메인	선택
양모			
형태		연갈색 또는 아이보리색	양모솜
털		연갈색 진갈색	
피부 베이스, 발바닥 패드	핑크색		보라색
눈, 입라인	검은색		

도구 및 기타 재료 1구 바늘(초기, 마무리 작업용), 3구 바늘 또는 5구 바늘, 역바늘
눈 한 쌍(8mm), 코(9mm), 핑크색 아크릴물감, 철사, 모루
쪽가위, 송곳, 펜치, 접착제, 자, 클리퍼

【 얼굴 형태 만들기 】

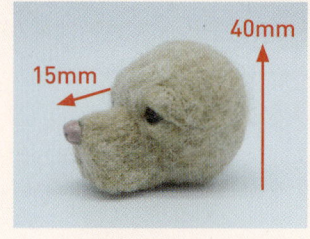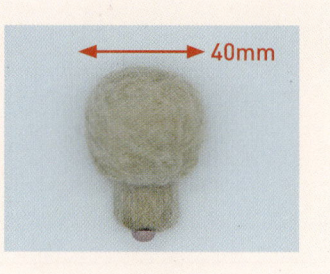

 Tip. 닮게 만들기 포인트 <눈>

찌푸린 듯한 작은 눈이 특징이다. 미간 거리에 유의하며 아몬드 모양으로 만든다.

1 지름 40mm 구를 만들어 눈을 끼우고 눈꺼풀을 붙인다. 부위별 만들기-눈꺼풀(88쪽)

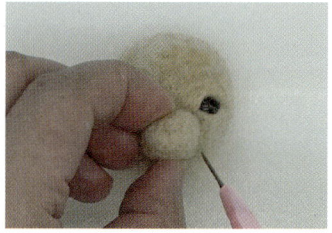

2 위턱을 길이 약 15mm 원통형으로 만들어 붙인다.

3 위턱보다 살짝 긴 길이로 아래턱을 다져 만든다.

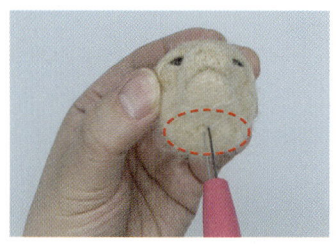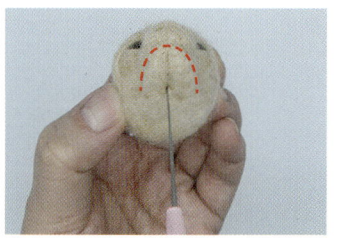

 Tip. 닮게 만들기 포인트 <주둥이>

하마를 닮은 주둥이는 폭이 넓고 일정하다. 주둥이의 처진 살도 표현하도록 한다.

4 아래턱을 위턱 밑에 밀착시켜 시접 및 입라인과 중앙선을 찔러 부착한다.

 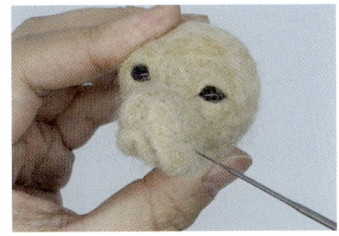

5 양모를 두께 2mm 반원 형태로 다진 후 주둥이 양옆에 붙여 처진 살을 표현한다. 아래턱보다 살짝 내려오게 한다.

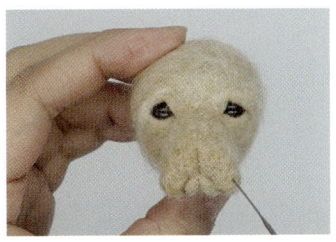

 Tip. 닮게 만들기 포인트 <기타 특징>
옅은 색 코는 일반 플라스틱 코나 점토로 만든 코에 유사한 색의 아크릴 물감을 발라 표현한다. 더 리얼하게 만들기-코(177쪽)

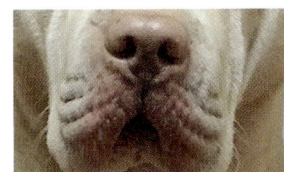

6 앞에서 봤을 때 위턱이 뒤집어진 하트모양이 되도록 정돈하고 코를 끼워 넣는다.

【 몸통 형태 만들기 】

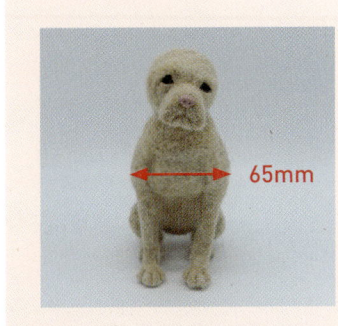 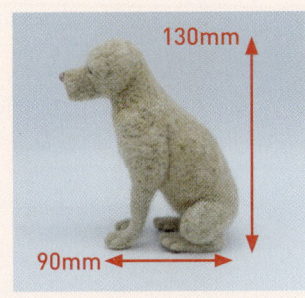 

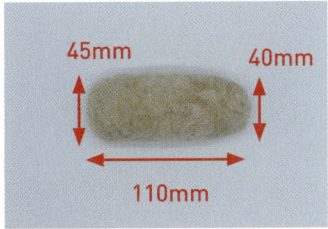 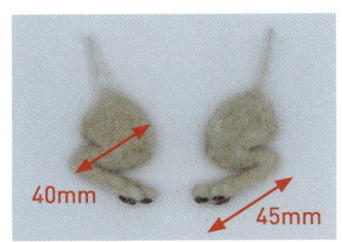

1 한쪽이 약간 좁은 원통형 몸통을 다져 만든다. 좁은 쪽이 엉덩이 부분이 된다.

2 구부린 형태의 뒷다리를 한 쌍 만들어 준비한다. 부위별 만들기-발과 다리 (90쪽)

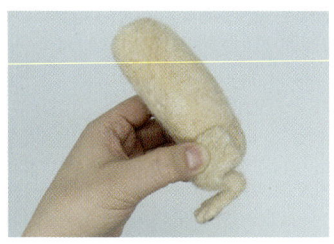
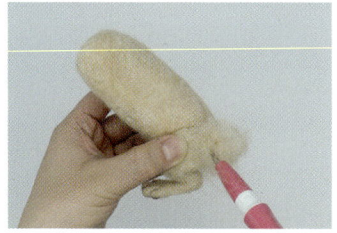

3 뒷다리 위치를 잡고 모루를 꽂아 넣은 후 양모를 얹고 찔러 부착한다.

4 몸통에 송곳으로 구멍을 낸 후 철사를 끼워 넣고 양쪽 어깨를 ㄷ자로 꺾는다.

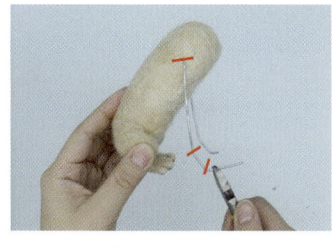

5 철사를 어깨 아래 65mm에서 꺾고, 더 아래 15mm 지점을 꺾는다. 발끝은 5mm만 남기고 잘라낸다.

6 양쪽 철사를 모루로 감는다.

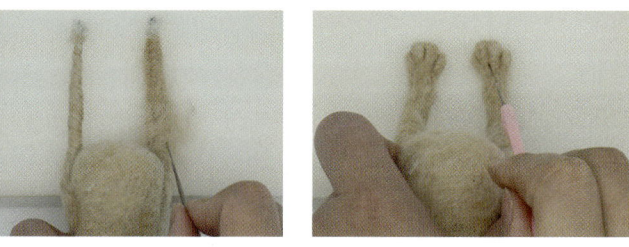

7 양모를 얇게 펼쳐 감아 찌르고, 결을 없앤 양모를 덧붙여 볼륨을 넣는다. 바늘이 부러질 수 있으니 주의한다. 초기 작업용 1구 바늘을 사용한다.

8 발가락과 발바닥 패드를 표현한다.

9 어깨에 양모를 충분히 얹어 바늘로 찔러 볼륨을 넣음과 동시에 다리를 단단히 고정한다.

10 가슴과 옆구리에도 살집을 넣어 몸통 형태를 보완한다.

 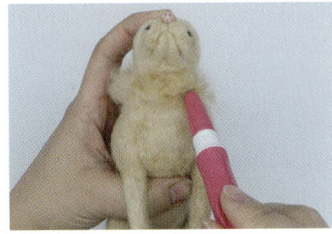

11 모루로 얼굴을 연결한 후 목둘레에 양모를 얹어 찌른다.

【 주름 표현하기 】

크고 작은 패치를 만들어 늘어진 피부와 주름을 표현한다.

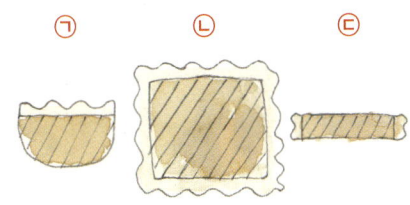

ⓐ 늘어진 살 표현용
ⓑ 여러 겹 주름 표현용
ⓒ 얇은 주름 표현용

 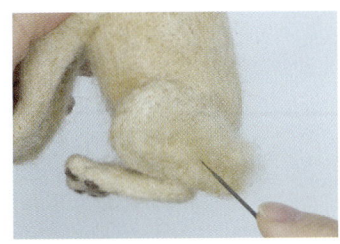

1 반원 모양으로 패치를 만든 후 허벅지에 붙여 늘어진 허벅지 살을 표현한다.

 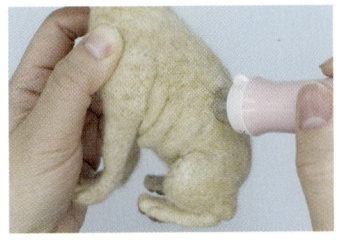 

2 충분한 크기로 패치를 만든 후 주름을 잡아가며 찔러 옆구리 살을 표현한다. 패치의 가장자리는 자연스럽게 이어지도록 찔러 정돈한다.

3 같은 방법으로 어깨 위 주름도 표현한다.

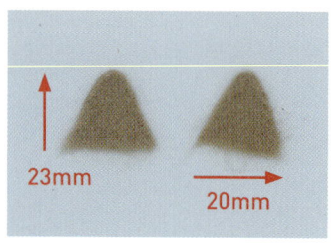  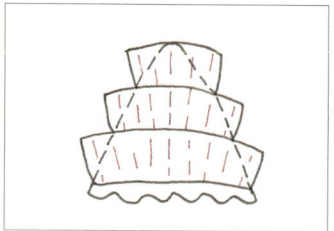

4 진갈색 양모로 정삼각형에 가까운 귀심을 만든다. 부위별 만들기-귀심 (90쪽)

5 귀 바깥쪽이 될 한쪽 면에 진갈색 양모를 결대로 올려붙인다.

  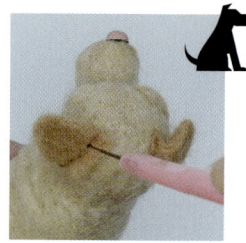 

6 귀심 바깥쪽으로 나온 양모를 잘라 정리한다. 물을 살짝 뿌린 후 다리미로 눌러주면 얇아진다.

7 귀를 임시고정한 후 고정선을 따라 깊이 찔러 부착한다.

Tip. 닮게 만들기 포인트 <귀>
매우 작고 두꺼운 귀는 이마 높이에 위치해 눈 쪽을 향해 있다. 부착 후 얼굴 쪽으로 눕혀 살살 찌른다.

 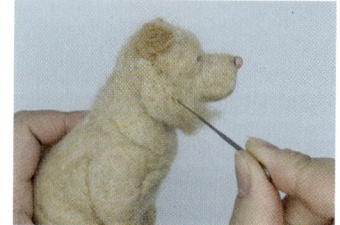

8 패치를 만들어 늘어진 턱살을 표현한다.

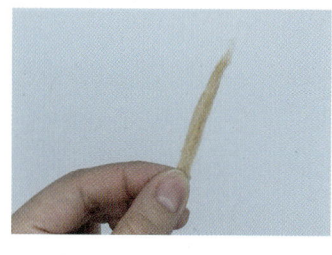 

9 가느다랗게 패치를 만들어 얼굴 옆면 주름을 표현한다.

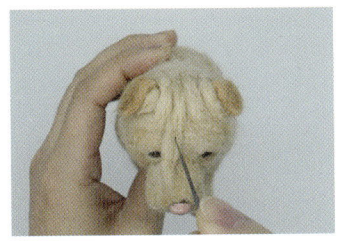 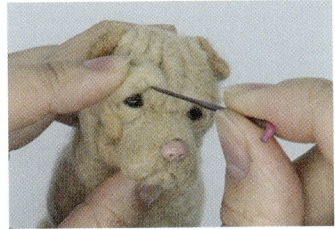

10 같은 방법으로 이마와 눈주름도 표현한다.

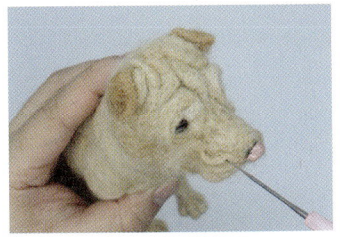 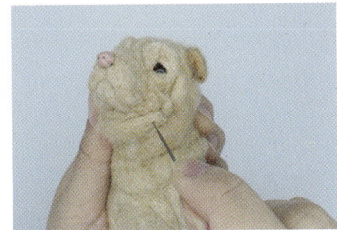

11 주둥이와 턱 주름도 표현한다.

【 털 표현하기 】

몸통의 짧고 곧게 선 털은 2mm 간격으로 식모한 후 짧게 잘라 다듬는다. 얼굴과 네 다리는 짧게 잘라 결대로 붙이거나 역바늘을 이용해 표현한다.

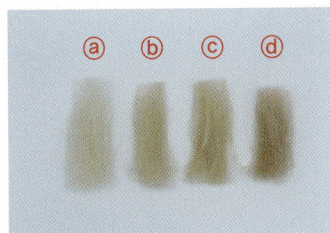 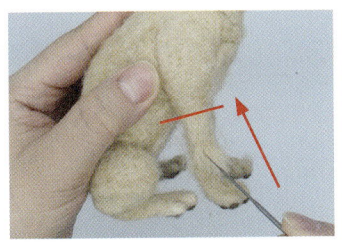

1 연갈색과 진갈색을 섞어 4단계 색을 만들어 준비한다.

2 ⓐ색 양모를 10mm로 짧게 잘라 발끝부터 층층이 붙여 올린다.

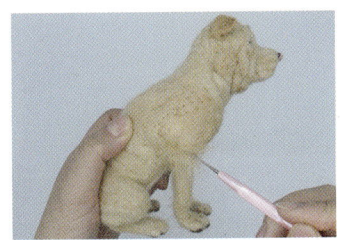 

3 어깨 부위는 넓은 V라인 심기로 채운 후 적당한 길이로 다듬는다.
기본 테크닉-털 표현(34쪽)

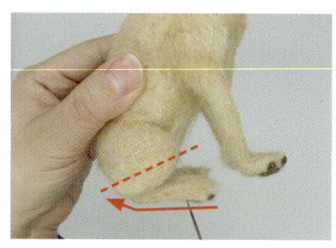 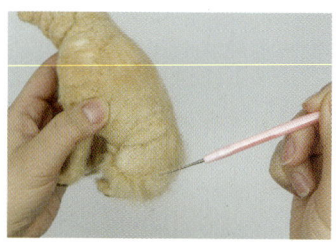 

4 뒷발도 ⓐ색 양모를 10mm로 잘라 발끝에서 허벅지 1/3 지점까지 붙여 올린다.

5 남은 허벅지 면적은 넓은 V라인 심기로 채운 후 잘라 다듬는다.

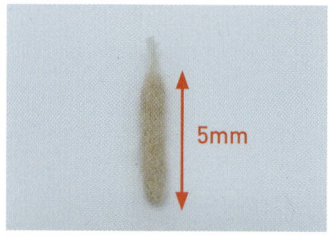 

6 연갈색 양모로 꼬리심을 만든다. 부위별 만들기-꼬리심(95쪽)

7 전체를 V라인으로 식모해 다듬어 자르는데 이때 ⓐ, ⓑ, ⓒ색을 적절히 사용한다.

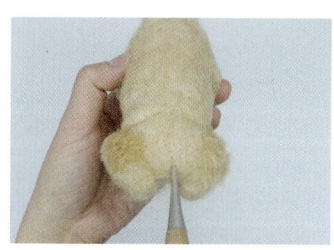 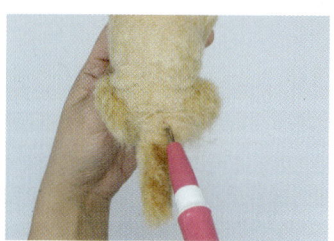

Tip. 닮게 만들기 포인트 <기타특징>
꼬리는 두껍고 엉덩이 보다 높게 위치해 있다.

8 구멍을 내 꼬리를 끼워 넣고 양모를 둘러 바늘로 찔러 고정한다.

 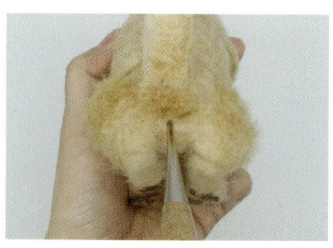

9 꼬리심 연결 부위에 양모를 심어 보완하고 다듬는다.

10 꼬리심 밑동에 구멍을 낸 후 검은색 또는 붉은색 양모를 찔러 넣는다.

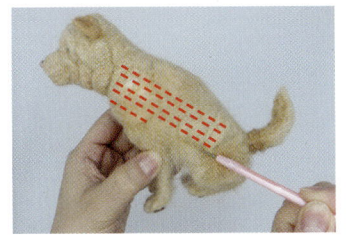 

11 어깨에서 옆구리 면적에 ⓑ색 양모를 넓은 V라인 심기로 채워 다듬는다.

  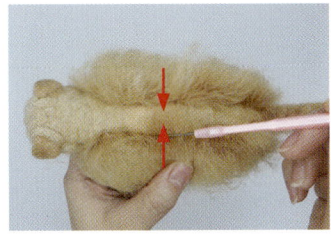

12 옆구리 주름선을 바늘로 찔러 정리한다.

13 등 중심선까지 양 옆구리에서 양모를 한 단씩 심어 올린다. ⓑ-ⓒ-ⓓ색을 차례로 심어 등 중앙을 가장 진하게 표현한다.

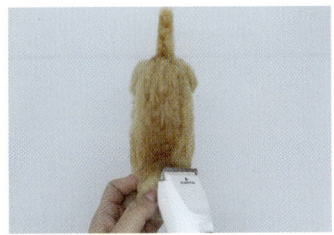 

14 적당한 길이로 다듬고 목 부분에 있던 주름선은 찔러 정리한다.

15 ⓒ-ⓑ색으로 목덜미에서 정수리까지도 심어 채우고 다듬는다.

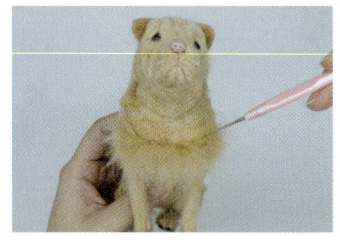 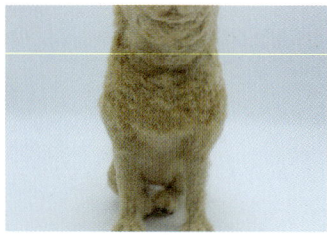

16 목주름 아래 가슴 부위도 ⓑ-ⓒ색으로 식모한 후 다듬는다.

 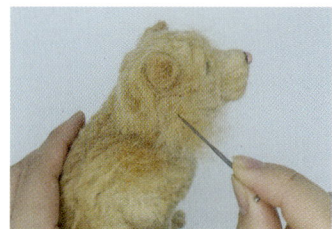

17 양모를 스펀지 위에서 적당히 엉겨 붙게 한 후 목둘레의 식모가 끝난 지점에 둘러 찔러 부착한다.

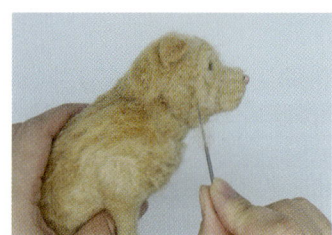 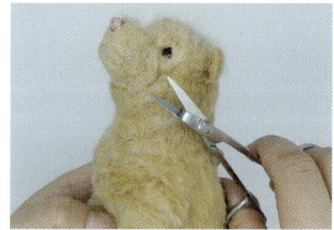 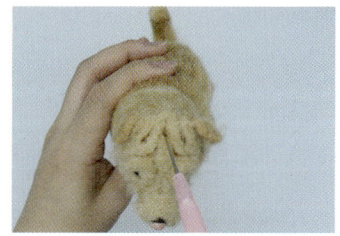

18 얼굴을 역바늘로 찌른 후 뽑혀 나온 양모를 적당한 길이로 자르고 결대로 빗어 정리한다.

19 갈색 양모를 주름이 접히는 곳에 찔러 넣어 명암을 표현한다.

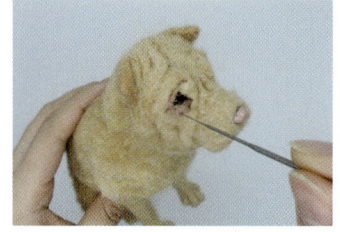 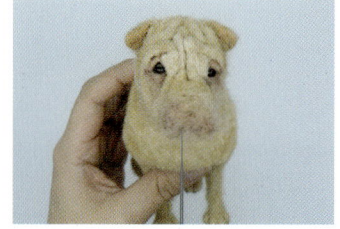

20 눈 밑과 주둥이 앞쪽에 핑크색과 보라색 양모를 섞어 바늘로 찔러 색을 입힌다.

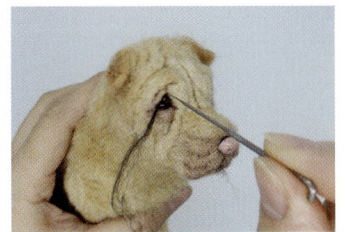 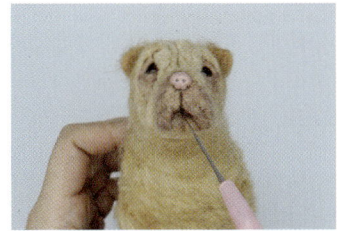

21   검은색 양모를 가늘게 뽑아 바늘로 찔러 아이라인과 입라인을 표현한다.

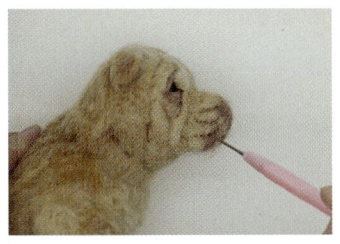 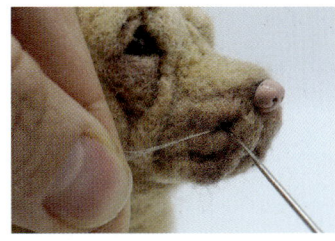 

22   주둥이 주름선을 깊이 찔러 부각시킨 후 주름선에 보라색 양모를 찔러 넣어 수염 구멍을 표현한다.

23   핑크색과 보라색 파스텔을 갈아 주둥이 부분을 칠한다. 양모로 표현해도 된다.

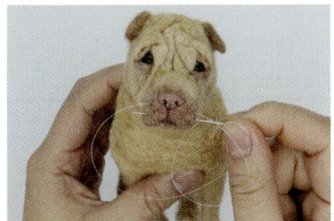 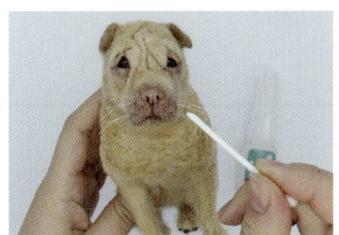

24   수염을 만들어 바늘에 꿴 후 수염구멍에 통과 시켜 자르고 본드로 살짝 고정한다. 본드를 바를 때는 스틱 또는 이쑤시개를 사용한다. 더 리얼하게 만들기-수염(181쪽)

pomeranian
포메라니안
~~~~~~~~~~

완성 사이즈 15~20cm (얼굴에서 엉덩이 길이 기준)

check point

체장과 체고의 비율을 약 1:1로 만들고, 무릎 밑을 제외한 몸 전체에 양모를 촘촘하게 심어 풍성하게 표현한다.

㉠ 목둘레와 가슴 부위 장식모에 유의한다.
㉡ 두상은 둥글게, 주둥이는 다소 짧게 만든다.
㉢ 삼각형 모양의 직립한 작은 귀는 머리 높이로 부착한다.
㉣ 발목은 두껍지 않게, 발은 작고 동그랗게 만든다.
㉤ 꼬리털을 길게, 엉덩이 털도 짧지 않게 표현한다.

양모		메인	선택
형태		아이보리색	양모솜
털		다크오렌지색	카키브라운색
		살구색	
		아이보리색	
피부 베이스		핑크색	보라색
눈, 입라인, 발바닥 패드		검은색	

도구 및 기타 재료

1구 바늘(초기, 마무리 작업용), 3구 또는 5구 바늘
눈 한 쌍(9mm), 코(10mm), 철사, 모루
쪽가위, 송곳, 접착제, 자, 펜치

만들기 순서

서 있는 자세 형태 - 전신인형 스피츠(139쪽), 털 표현 - 전신인형 치와와 (127쪽)를 참조한다.

【 형태 잡기 】

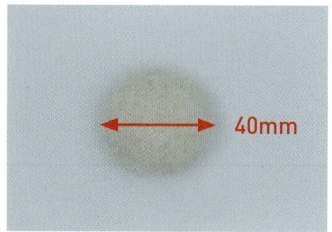
1 지름 40mm 구를 만든다.

2 눈을 끼우고 눈꺼풀을 붙인다.
부위별 만들기-눈꺼풀(88쪽)

3 위턱과 아래턱을 만들어 붙인다.

4 이마와 볼에 볼륨을 넣는다.

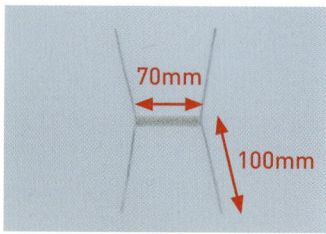
5 두 줄의 철사를 각각 ㄷ자로 꺾은 후 모루로 감아 연결한다.

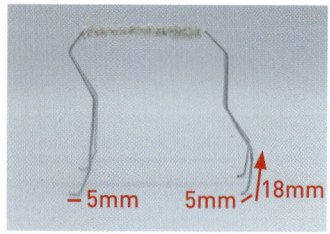
6 다리 형태로 철사를 꺾는다.

7 뼈대를 모루로 감는다.

8 양모로 감아 찔러 몸 형태를 완성한다.

9 검은색 양모로 발바닥 패드를 표현한다. 부위별 만들기-발바닥 패드(94쪽)

10 얼굴과 몸통을 연결한다.

11 배에 핑크색 양모를 입혀 피부 베이스를 표현한다.

【 털 표현하기 】

 Tip. 털 색 만들기

양모를 최소 3단계로 섞어 자연스럽게 표현한다.

1 배에 V라인으로 식모 한다. 기본 테크닉-털 표현(34쪽)

2 발등 털은 양모를 짧게 잘라 결을 유지해 부착한다.

3 다리 윗면에는 양모를 길게 식모해 결 방향대로 빗어 정돈한다.

4 다리 아랫면은 V라인으로 짧게 심어 다듬은 후 부착하듯 찔러 정리한다.

뒤 / 앞

5 가르마 꼬리를 만든다.

Tip. 가르마 꼬리 만들기

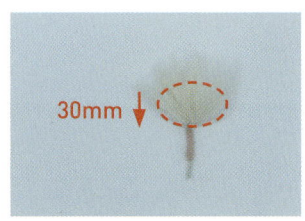
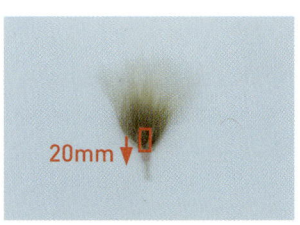

1 꼬리심 기본 형태를 만든다.

2 30mm 구간 둘레에 밝은색 양모를 심는다.

3 남은 꼬리심 한쪽 면에 갈색 양모를 심는다.

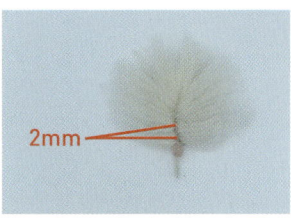

4 반대 면에 밝은색 양모를 심는다.

5 가로로 양모를 얹어 찌른다.

6 꼬리를 부착한다.

7 몸통을 V라인 또는 넓은 V라인으로 심어 채우고 결 방향대로 정리한다.

8 가슴과 목둘레는 더 길고 촘촘하게 식모해 풍성하게 표현한다.

9 아래턱과 볼에도 V라인 심기를 한 후 부착하듯 바늘로 찔러 정리한다.

  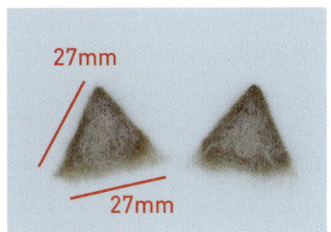

10 결을 없앤 양모를 위턱에 찔러 부착한 후 역바늘로 뽑아 다듬는다.

11 검은색 양모를 가늘게 찔러 붙여 입라인을 표현한다.

12 한 변이 27mm인 삼각 모양의 귀심을 만든다. 부위별 만들기-귀심(90쪽)

13 귀 앞면 바깥 선에 양모를 V 라인으로 심은 후 다듬는다.

14 귀 뒷면에는 양모를 짧게 잘라 결대로 층층이 부착한다.

15 귀를 부착한다.

16 뒤통수에서 이마까지(위 눈꺼풀 제외) V라인으로 심어 다듬는다.

17 위 눈꺼풀에도 식모해 다듬는다.

french bulldog

프렌치 불도그

완성 사이즈 15~20cm(얼굴에서 엉덩이 길이 기준)

check point

사각형의 큰 얼굴은 납작하고 폭이 넓게, 바디는 짧고 다부진 형태로 만든다. 코와 입 주변, 이마와 목에 주름을 표현하고 털은 짧게 부착한다.

- ㉠ 주둥이는 짧고 넓적하게, 아래턱은 위쪽으로 휘어 위턱과 만나게 한다.
- ㉡ 코는 약간 위로 들려 있게 부착하고 서로 멀리 떨어진 눈은 둥글게 표현한다.
- ㉢ 귀 뿌리는 넓게 끝은 둥글게 만들고 귀 안이 정면을 향하도록 한다.
- ㉣ 다리는 두텁게, 발가락은 옹골지게 표현한다.
- ㉤ 꼬리는 토끼처럼 짧고 끝이 가늘어지도록 한다.

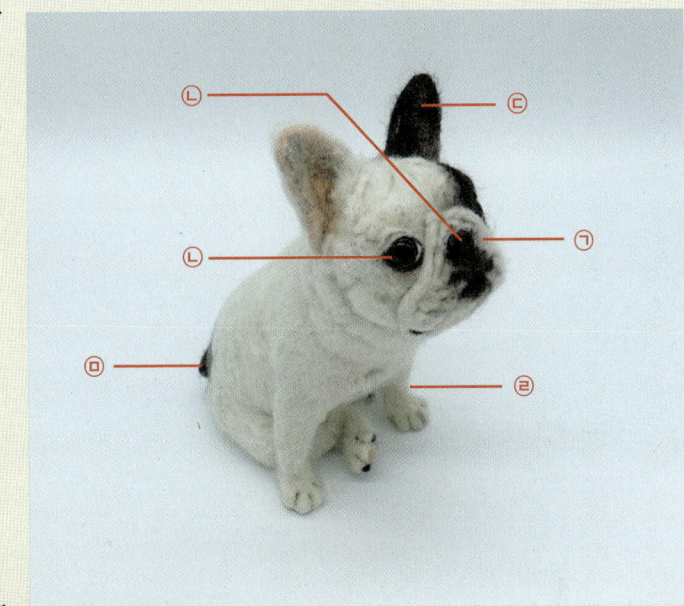

양모		메인	선택
형태		아이보리색	양모솜
털		아이보리색	검은색 실크
		검은색	커피색(옅은 반점)
피부 베이스		핑크색	보라색
눈, 입라인, 발바닥 패드		검은색	

도구 및 기타 재료 1구 바늘(초기, 마무리 작업용), 3구 또는 5구 바늘
눈 한 쌍(10mm), 코(10mm), 철사, 모루
쪽가위, 송곳, 접착제, 자, 펜치, 파스텔, 기화펜

만들기 순서

앉은 자세 형태 - 전신인형 푸들(101쪽), 주름 표현 - 전신인형 샤페이(153쪽), 흰자 표현 - 전신인형 치와와(132쪽)를 참조한다.

【 형태 잡기 】

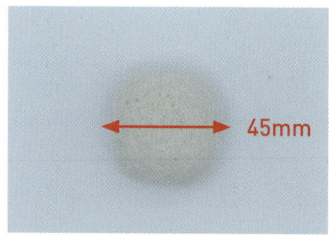
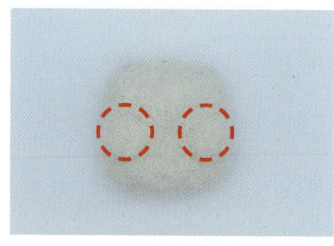

1 지름 45mm로 다소 각진 형태의 구를 만든다.

2 돌출 눈 표현을 위해 두께 5mm로 언덕을 쌓아 올린다.

3 눈을 끼우고 눈꺼풀을 붙인다.
부위별 만들기-눈꺼풀(88쪽)

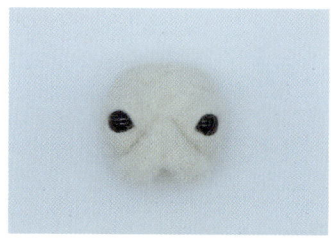

4 위턱을 뒤집어진 하트 모양으로 만들어 붙인다.

5 아래턱을 만들어 위턱으로 말려 올라가도록 부착한다.

6 코를 끼우고 볼과 이마에 볼륨을 넣는다.

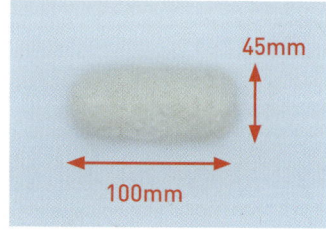
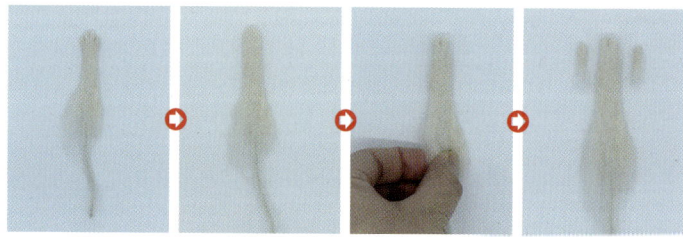

7 길이 100mm로 원통형 몸통을 만든다.

8 다리심을 만든 후 발가락을 만들어 붙인다. 부위별 만들기-발과 다리(90쪽)

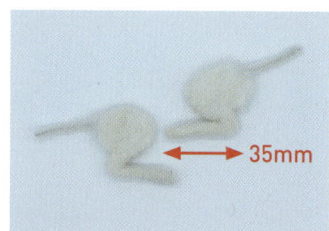

9 구부린 형태로 만들어 뒷다리를 완성한다.

10 발바닥 패드를 표현한다.

11 뒷다리를 몸통에 부착한다.

12 철사를 몸통에 꽂고 ㄷ자로 꺾어 앞다리 뼈대를 만든다. **13** 철사를 모루로 감는다.

14 양모로 감아 찌른 후 뒷발과 같은 방법으로 앞발가락을 만든다.

15 얼굴과 몸통을 연결한다.

【 주름과 털 표현하기 】

1 얼굴과 목에 주름을 만들어 붙인다.

2 핑크색 양모로 피부 베이스를 표현한다.

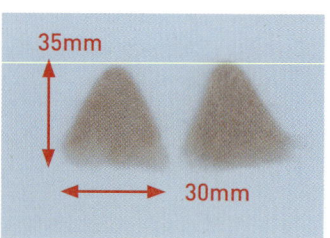

3 세로가 조금 긴 삼각형 귀심을 만든다. 부위별 만들기-귀심(90쪽)

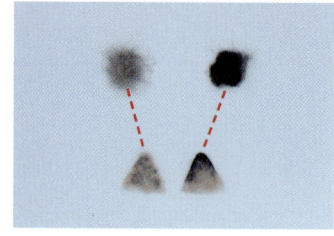

4 귀 앞면 무늬대로 색을 섞어 찔러 붙인다.

5 귀 뒷면은 양모를 짧게 잘라 부착한다.

6 귀를 부착한다.

7 모루에 검은색 양모를 감아 찔러 꼬리를 만든다.

8 꼬리를 부착한다.

9 기화펜 또는 수성펜으로 무늬 선을 그린다.

10 무늬 선에 맞춰 배, 가슴, 다리에 양모를 짧게 잘라 결 방향대로 부착한다. 기본 테크닉-털 표현(33쪽)

11 목, 옆구리, 등에도 결 방향대로 양모를 부착한다.

12 얼굴과 주둥이에 양모를 잘게 뜯어 부착한 후 역바늘로 뽑아 다듬는다.

13 배의 옅은 점은 커피색과 아이보리색 양모를 섞어 찔러 표현한다.

14 주둥이 반점도 같은 방법으로 표현한다.

15 입라인에 검은색 양모를 찔러 넣는다.

  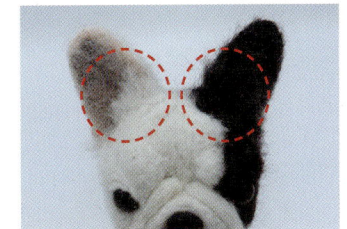

16 주둥이 주름선은 초기 작업용 바늘로 깊이 찔러 표현한다.

17 귀심 앞쪽에 V라인으로 양모를 심어 다듬는다.

18 흰자와 아이라인을 표현한다.

19 양모나 파스텔을 이용해 주름선과 피부에 명암을 넣어준다.

더 리얼하게 표현하기

사람과 마찬가지로 강아지의 코 역시 전체적인 이미지를 결정하는 중요한 요소입니다. 때문에 코 모양이 확연히 다르면 닮은 인형 만들기가 어려워지지만 시중에 판매 중인 모형 코의 경우 크기는 물론 형태가 매우 제한적인데요. 이 장에선 '코 만들기'를 비롯해 간단한 재료와 노력만으로도 리얼함에 한발 더 다가설 수 있는 방법에 대해 알아봅니다.

▼ 코

▼ 점토로 만들기

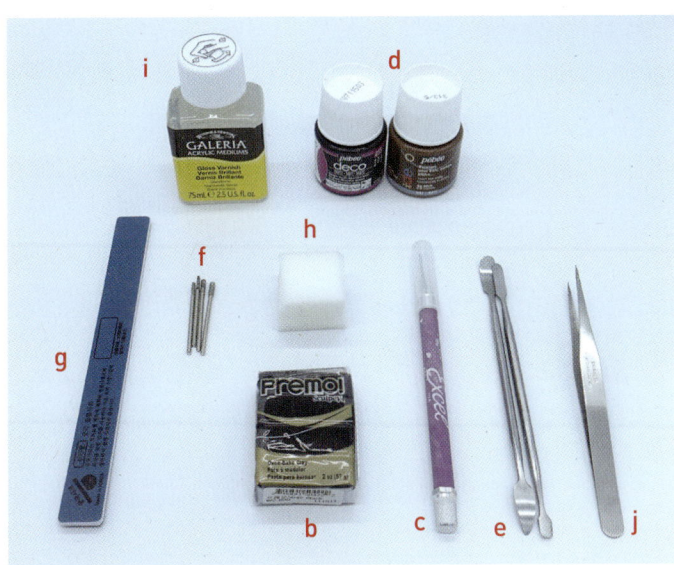

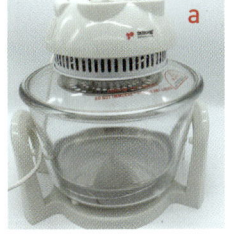

준비물

【 필수 】

a. 오븐
b. 폴리머클레이
c. 아트나이퍼
d. 아크릴물감

【 보조 】

e. 모델링 툴
f. 조각비트
g. 사포
h. 스펀지
I. 아크릴바니쉬
j. 핀셋

오븐이 없다면 자연 건조 가능한 클레이를 사용한다.
콧구멍을 뚫을 때 사용하는 조각비트는 1구 바늘 또는 못으로 대체 가능하다.
아트나이퍼는 커터칼, 아크릴바니쉬는 투명 네일폴리쉬(매니큐어)로 대체할 수 있다.

177

1 폴리머클레이를 주물러 반죽한다.

2 만들고자하는 코 형태로 만든다.

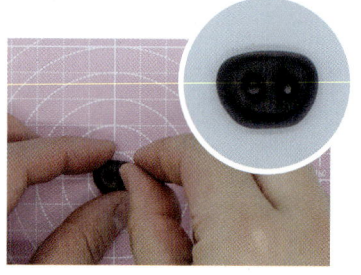

3 조각비트로 콧구멍을 뚫는다.

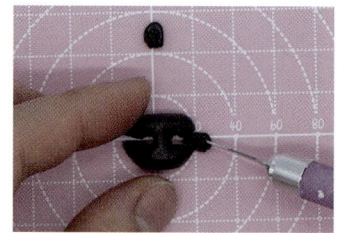

4 아트나이퍼로 콧구멍 양옆 나뉨 선을 만든다.

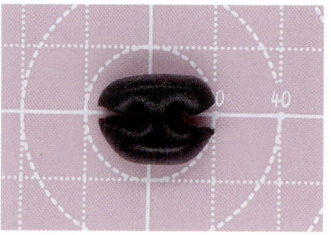

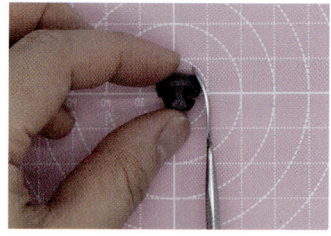

5 코 바깥 선을 원하는 코 모양에 맞춰 잘라낸다.

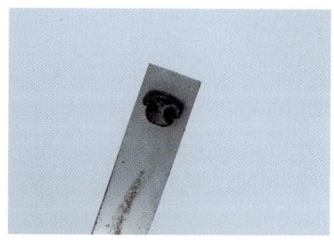

6 모델링 툴로 다듬어 모양을 보완한다.

7 오븐에 조심히 옮겨 110~130도로 10분간 굽는다.

8 굳어진 코를 사포로 다듬는다.

9 코 색에 맞춰 아크릴물감을 바른다.

10 필요에 따라 바니쉬를 도포해 광택을 낸다.

▼ 기성 코 리폼하기

코를 직접 만드는 게 어렵다면 기존 코를 리폼해 사용할 수 있다. 사포와 아크릴물감만 가지고도 크기 및 약간의 변형이 가능하다.

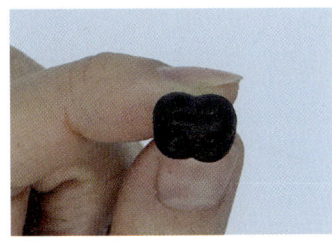  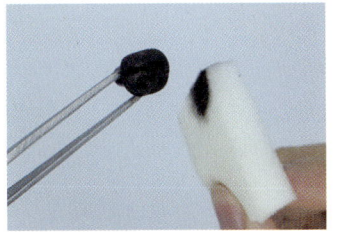

1 시중에 판매하는 코를 원하는 크기로 준비한다.

2 400방 이하의 거친 사포로 먼저 샌딩하고, 고운 사포로 한 번 더 다듬는다.

3 만들고자 하는 코 색에 맞춰 아크릴물감을 바르고 필요에 따라 바니쉬로 도포한다.

【 리폼 전 】　　　　　【 리폼 후 】

V_ 혀

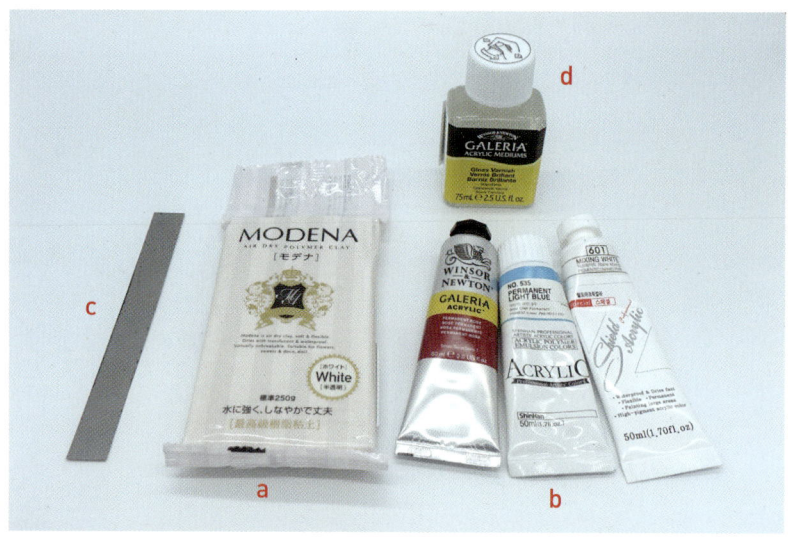

준비물

a. 점토
b. 아크릴물감
c. 칼
d. 아크릴바니쉬

 오븐 없이 자연 건조되는 점토를 이용해 만드는 법을 소개한다.
코처럼 폴리머클레이로 만들어 오븐에 구워 만들어도 좋다.

1 자연 건조되는 점토를 준비한다.

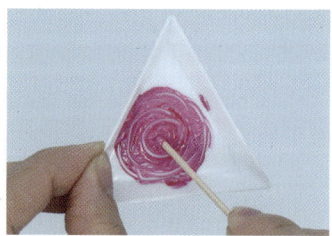

2 혓바닥 색으로 조색을 한다.

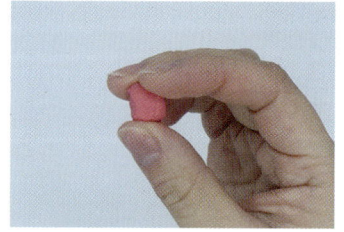

3 물감을 점토에 섞어 반죽한다.

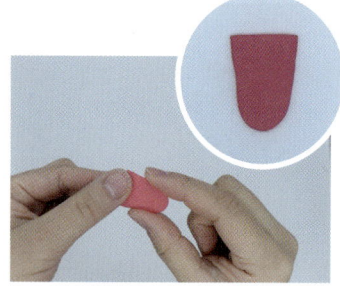

4 손을 이용해 혓바닥 모양으로 만든다.

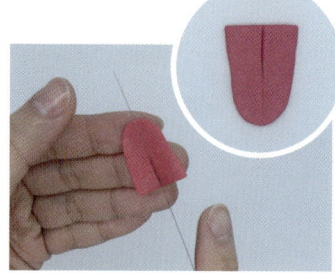

5 클레이용 칼 또는 날카로운 절단면을 이용해 혓바닥 선을 표현한다.

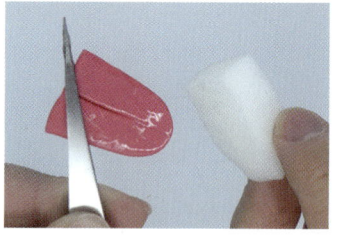

6 자연 건조 후 바니쉬를 발라 완성한다.

Ⅴ_ 수염

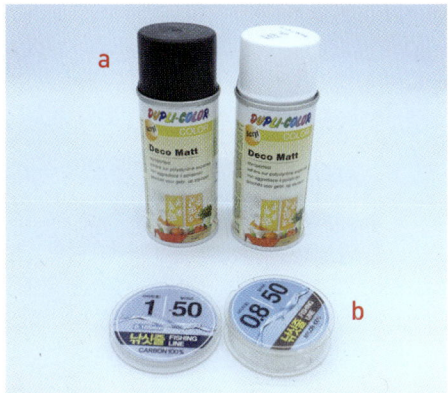

준비물

a. 아크릴 스프레이
b. 낚싯줄 0.8호(0.114mm)또는 1호(0.165mm)

1 낚싯줄을 적당한 길이로 잘라 아크릴 스프레이를 분사한다.

2 건조 후 바늘에 꿰어 사용한다.

Needle Felt

리얼하게 만들기

—

액자

사진처럼 오래오래 간직하기
어느 별에서 왔니.
볼수록 사랑스러운 내 보물 1호 너의 미소를 영원히 간직할래.
내가 가장 좋아하는 표정으로 모습으로
분명 바라만 보고 있어도 심장이 따뜻해질 거야.

어느 별에서 왔니

pomeranian
포메라니안

		메인	선택
형태		아이보리색	양모솜
털		아이보리색 스트레이트	
귀심, 피부 베이스		핑크색	
눈, 입라인		검은색	

양모

도구 및 기타 재료   1구 바늘(초기, 마무리 작업용), 3구 바늘 또는 5구 바늘
눈 한 쌍(10mm), 코(8~10mm)
소프트펠트지, 액자, 글루건, 쪽가위, 자

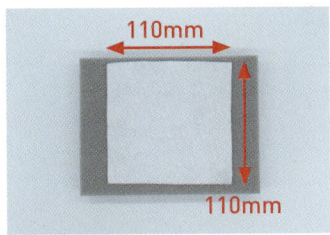
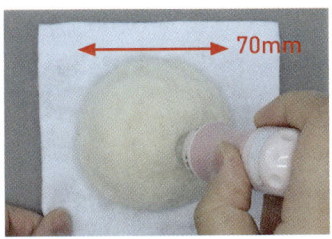

1   액자 내경 사이즈로 펠트지를 준비한다.

2   양모를 펠트지에 얹어 바늘로 찔러가며 원형으로 쌓아 올린다. 중심 높이 35~40mm의 볼록한 언덕 모양이 되게 한다.

3   같은 방법으로 얼굴 밑에 목 형태를 만든다.

4   가장자리를 따라 펠트지를 바짝 잘라낸다.

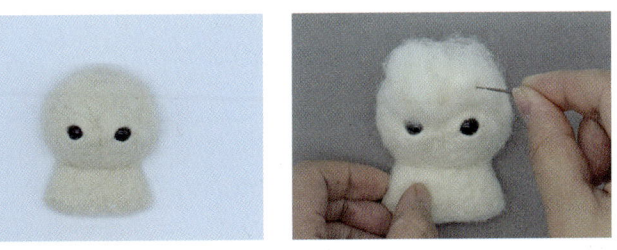

5   쪽가위로 구멍을 내 눈을 끼워 고정하고 눈꺼풀을 만든다. 부위별 만들기-눈꺼풀(88쪽)

6   양모솜으로 이마에 볼륨을 넣는다.

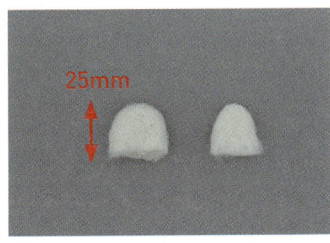

7   위턱과 아래턱을 다져 만든다.

8   위턱 양 옆면을 살짝 아래쪽으로 구부려 미간 사이에 부착한다. 잘 붙지 않을 경우 양모솜을 소량 둘러 찌른다.

9 아래턱을 부착한다.

10 핑크색 양모로 끝이 둥근 세모 형태의 귀심 한 쌍을 만든다. 부위
별 만들기-귀심(90쪽)

11 아이보리색 양모 결이 귀 바깥쪽을 향하게 펼쳐 올린 후 찔러 부착한다.

12 뒷면도 결 방향대로 올려 바늘로 찔러 부착한다.

13 귀심보다 살짝 긴 길이로 잘라 다듬는다

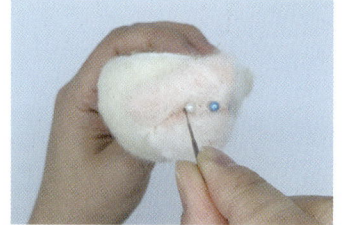

14 귀를 임시 고정한 후 시침핀 라인을 따라 깊이 찌른다.

15 시접 부위도 모두 찔러 부착한다. 양모솜을 소량 얹어 찌르면 수월하게 부착된다.

16 목과 눈가에 핑크색 양모를 찔러 색을 입힌다.

17 가슴과 목을 넓은 V라인으로 촘촘하게 식모하고 다듬는다. 기본 테크닉-털 표현(34쪽)

18 볼과 주둥이 아래 면적도 같은 방법으로 심어 채운다.

19 양 볼은 양모를 15mm 길이로 잘라 주둥이 쪽을 향해 결대로 붙여나간다. 기본 테크닉-털 표현(33쪽)

20 코를 끼우고 검은색 양모를 가늘게 뽑아 바늘로 찔러 입라인을 표현한다.

21 정수리부터 미간까지 넓은 V라인으로 심어 채운다. 눈 위 꺼풀은 남겨둔다.

22 눈꼬리부터 눈 앞머리 방향으로 위 눈꺼풀에 V라인으로 식모한다.

23 곰돌이 컷으로 잘라 다듬고 눈에는 검은색 양모를 둘러 찌른다.

  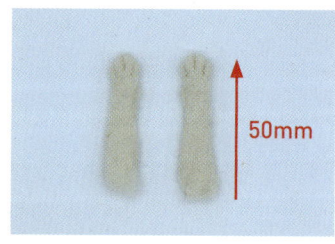

24 주둥이에 결을 없앤 양모를 찔러 입힌다. 인중엔 검은색과 아이보리색을 섞어 표현한다. 양모 부착 후 역바늘로 뽑아 정리해줘도 좋다.

25 앞다리 형태를 만들어 준비한다.

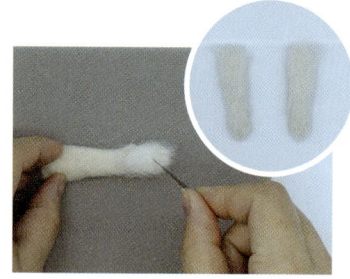  

26 양모를 짧게 잘라 발끝부터 층층이 부착해 나간다. 위로 갈수록 두툼하게 붙이며 발끝은 세모 형태로 다듬는다.

27 다리를 구부리는데 이때, 접힌 선을 찌르면 고정된다.

28 몸통과 다리의 끝 면에 글루건을 발라 액자에 부착한다.

yorkshire terrier
요크셔테리어

양모

	메인	선택
형태	아이보리색	양모솜
털	연갈색 아이보리색	밤부(특수섬유)
귀심, 피부 베이스	핑크색	
눈, 입라인	검은색	

도구 및 기타 재료   1구 바늘(초기, 마무리 작업용), 3구 바늘 또는 5구 바늘
눈 한 쌍(10mm), 코(8~10mm)
소프트펠트지, 액자, 글루건, 쪽가위, 자

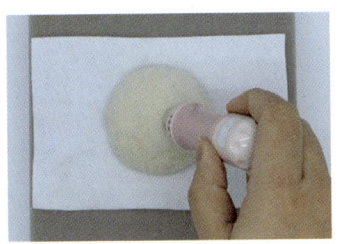  

1 펠트지에 양모를 얹어 펠팅해 가며 얼굴과 몸통 형태를 쌓아 올린다.

2 가장자리를 따라 펠트지를 바짝 잘라낸다.

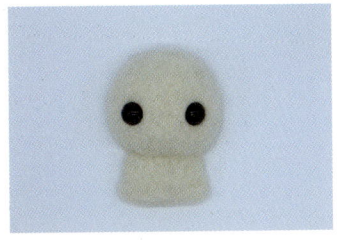  

3 쪽가위로 구멍을 내 눈을 끼워 고정하고 눈꺼풀을 만든다. 부위별 만들기-눈꺼풀(88쪽)

4 스펀지 위에서 위턱과 아래턱을 다져 만든다.

5 위턱을 살짝 구부려 올린 후 둘레를 깊이 찔러 단단히 고정한다. 잘 붙지 않을 땐 양모솜을 소량 얹어 찌른다.

6 아래턱도 같은 방법으로 부착한다.

7 이마에 양모솜을 얹어 찔러 두상을 보완한다.

8 목 부위에 핑크색 양모를 찔러 색을 입힌다.

9 양모를 결대로 층층이 가슴과 목 부위에 부착해 올린다. 연갈색과 아이보리색을 섞어 얼굴보다 연하게 표현한다. 기본 테크닉-털 표현(34쪽)

10 양모 길이를 길게 잡아 볼과 목둘레에 V라인으로 식모한다.

11 아래턱과 위턱에도 V라인으로 심는다. 코 주변에는 좀 더 진한 색을 섞어 넣는다.

12 주둥이 털을 잘라 다듬고 검은색 양모로 입라인을 표현한다.

 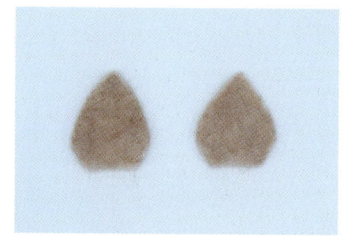

13 눈 아래 꺼풀에 V라인으로 식모한 후 길이를 다듬고 바늘로 살살 찔러 정리한다.

14 핑크색과 갈색 양모를 섞어 나뭇잎 모양의 귀심 한 쌍을 만든다. 부위별 만들기-귀심(90쪽)

15 양쪽 귀 뒷면에 양모를 결대로 층층이 붙인 후 가장자리를 따라 잘라 정리한다.

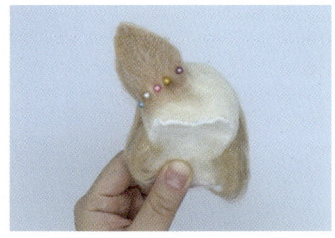 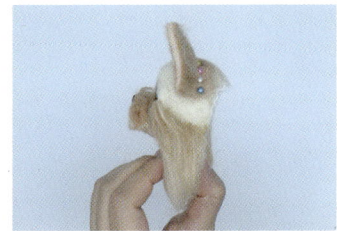

16 시침핀으로 귀를 임시 고정한다.

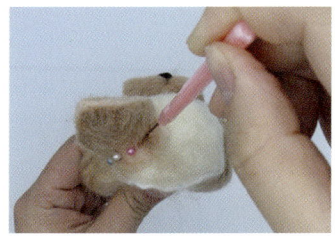 

17 시침핀 라인을 따라 깊이 찔러 귀를 단단히 부착한다.

18 양모를 길게 잡고 귀밑 얼굴 옆면에 V라인으로 식모한다.

19 같은 방법으로 귀 앞면 바깥 라인을 따라 양모를 길게 심는다.

20 뒤통수부터 정수리까지는 넓은 V라인 심기한 후 바늘로 정리한다.

21 앞이마를 제외한 양쪽 얼굴 옆면을 V라인으로 길게 심어 채운다.

22 세 가닥 양모의 한쪽 끝을 모아 찔러 뭉치게 한 후 땋아 내린다. 끝나는 지점은 묶거나 찔러 고정한다.

23 길게 자른 양모를 땋은 양모와 함께 한쪽 끝을 이마에 고정한다. 묶음 머리가 될 일부이다.

24 앞이마와 눈 위 꺼풀을 V라인 심기로 채운다.

25 앞머리를 모아 리본으로 묶어 장식한다.

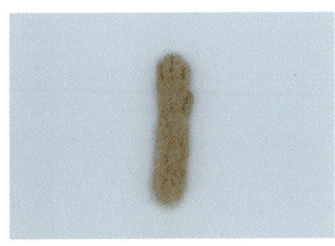

26 회갈색 양모를 눈 바깥 라인을 따라 둘러 찌른다.

27 50mm 길이로 앞다리를 한쪽 만든다.

28 양모를 길게 잡고 발끝 10mm 지점부터 V라인으로 식모한다.

29 파스텔로 입가와 눈가에 명암을 표현한다. 정착제인 파스텔 픽사티브를 살짝 뿌려줘도 좋다.

30 몸통과 다리 끝 면에 글루건을 발라 액자에 부착한다.

캐릭터로 만들기

스탠딩 인형

우리 강아지가 사람으로 변신하면?
난 너의 빅 팬.
넌 나의 사랑스러운 친구이자, 내 인생을 구하러 온 히어로.
뭘 하고 싶어? 어떤 생각을 하니?
신발도 신고 옷도 입고 어디로든 떠나자.
더 많이 놀고 함께 걷고 함께 웃자.

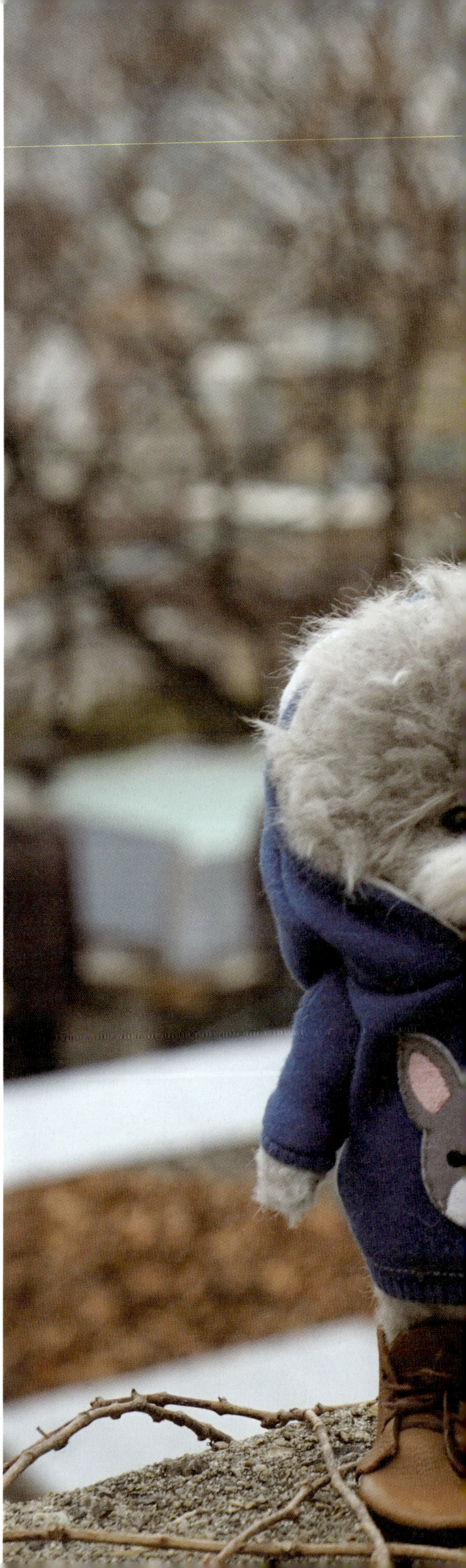

스탠딩 인형 기본 형태 만들기

우리 강아지가 두 발로 걷는 즐거운 상상을 하며 사람처럼 서 있는 형태로 변형해 봅니다. 부위별 만들기의 기본 방법은 전신인형과 크게 다르지 않으나 직립이 가능하도록 다리에 철사를 넣어 안정감을 높이는 것이 핵심입니다. 각 부위의 길이나 둘레는 모델의 이미지나 체형에 맞춰 조절하도록 합니다.

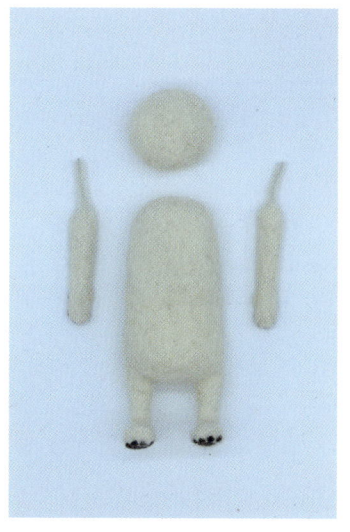
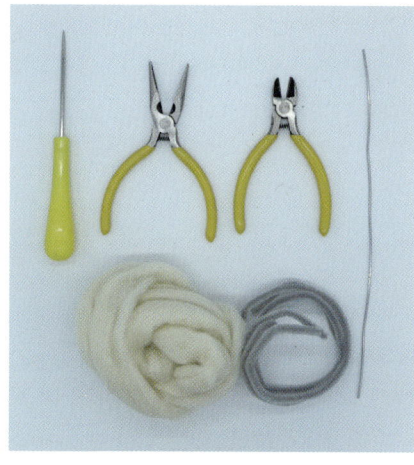

준비물

양모, 바늘
스펀지, 철사, 모루
송곳, 펜치
니퍼

▼ 얼굴

1　원하는 크기로 구를 만든다.
기본 테크닉-구 만들기(30쪽)

▼ 몸통과 다리

1 몸통을 다져 만든 후 아래에서 10mm 지점을 일직선으로 뚫는다.

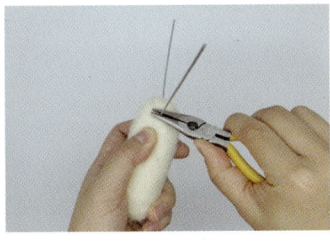

2 구멍에 철사를 끼우고 양쪽을 바짝 90도로 꺾어 ㄷ자 형태로 만든다.

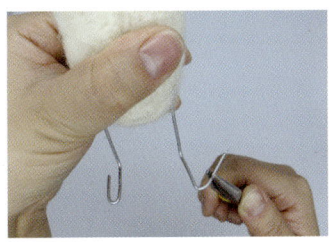

3 앞발을 U자 형태로 구부린다.

4 양쪽 다리 철사에 모루를 감는다.

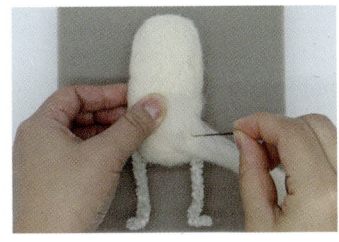

5 양모를 길게 뽑아 한쪽 끝을 다리와 맞닿는 몸통 부위에 찔러 고정한다.

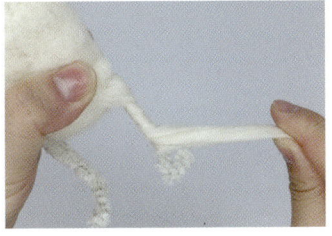

6 고정한 양모를 단단하게 감아 내린다.

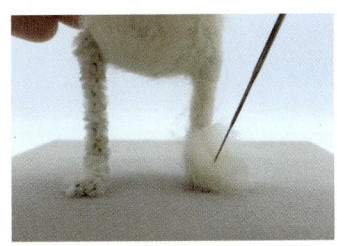

7 감아 내린 양모를 발등에 찔러 부착하고 양모를 덧대 발을 감싸 찌른다.

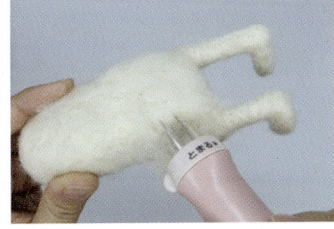

8 다리가 움직이지 않도록 연결 부위를 단단히 고정하고 엉덩이에 볼륨을 넣는다.

9 검은색 양모로 발바닥 패드를 찔러 표현한다.

▼ 팔

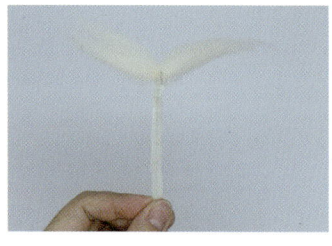  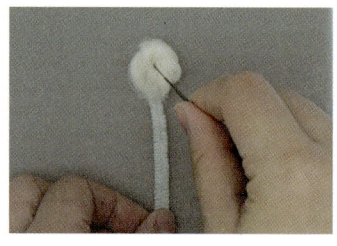

1 모루의 한쪽 끝을 접어 양모를 고정한다.
2 양모를 살짝 매듭짓는다.
3 매듭진 양모를 스펀지 위에서 찔러 다진다.

 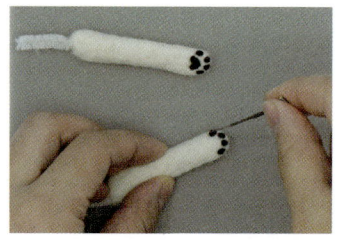

4 매듭 위쪽으로 양모를 덧대 찌른다. 팔의 형태가 될 때까지 연장해간다.
5 발바닥 패드를 찔러 표현한다.

shih tzu
시츄

완성 사이즈 약 20cm(키)

모델 : 찌봉이 lovely_jjibong

양모		메인	선택
형태		아이보리색	양모솜
털		아이보리색	브라운색 밤부(특수섬유)
		초콜릿색	
		적갈색	
피부 베이스		핑크색	
눈, 입라인, 발바닥 패드		검은색	

도구 및 기타 재료

1구 바늘(초기, 마무리 작업용), 3구 또는 5구 바늘
눈 한 쌍(10mm), 코(8~10mm), 철사, 모루
쪽가위, 송곳, 펜치, 접착제, 자

【 기본 형태 사이즈 】

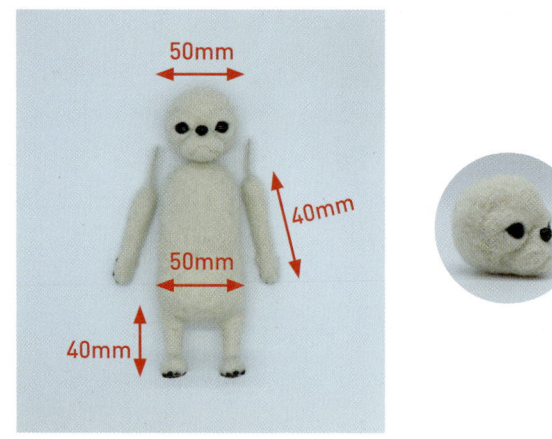

기본 형태 만들기(204쪽)를 참고하여 만든다.

【 털 표현하기 】

1 양팔에 2mm 간격으로 V라인 심기를 한다. 손끝에서 시작해 어깨 방향으로 심되 끝 쪽은 조금 남겨둔다. 20mm 길이로 짧게 잘라 심거나 길게 심은 후 자른다.

2 배에 핑크색 양모를 얇게 펼쳐 붙인다.

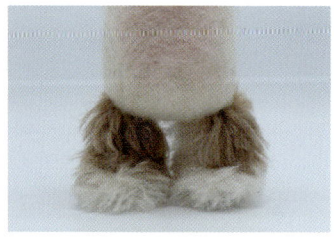

3 무늬색에 맞춰 양쪽 다리를 V라인으로 식모한 후 다듬는다. 기본 테크닉-털 표현(34쪽)

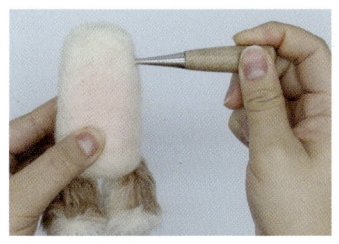 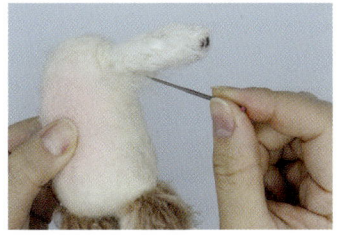 

4 몸통에 팔을 끼워 넣고 연결 부위에 양모를 둘러 바늘로 찔러 고정한다.

5 반대쪽 팔도 같은 방법으로 고정한다.

6 얼굴과 몸통을 모루로 연결하고 둘레에 양모를 얹고 충분히 찌른다.

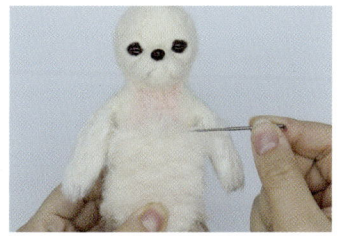  

7 무늬 선에 맞춰 몸통을 넓은 V라인 심기로 채운 후 짧게 잘라 다듬는다. 수성펜이나 기화펜으로 미리 무늬 선을 그려둔다.

8 얼굴 이하 남은 부위도 무늬 선에 따라 식모하되 30mm 길이로 잘라 말아 심기 한다. 기본 테크닉-털 표현(34쪽)

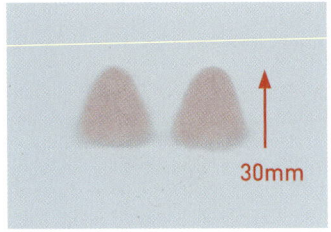
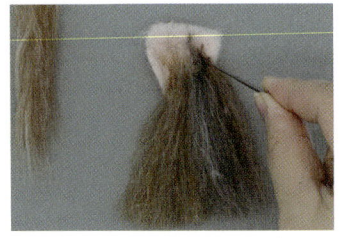
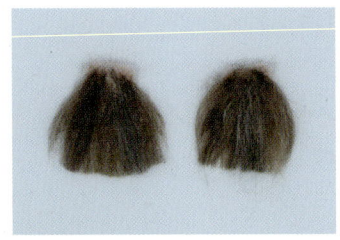

9 끝이 둥근 형태의 귀심 한 쌍을 만든다. 부위별 만들기-귀심(90쪽)

10 귀 안쪽이 될 한쪽 면에 양모를 길게 잘라 부착한다. 검은색과 적갈색 양모를 소량 섞어 표현한다.

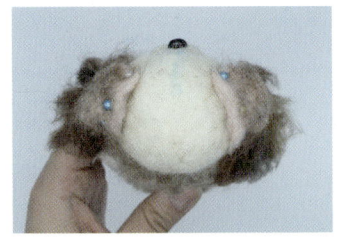

11 시침핀으로 양쪽 귀를 얼굴에 임시 고정한다.

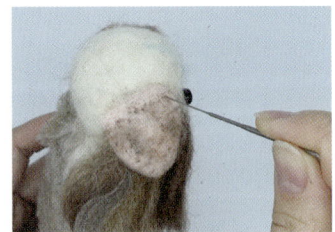

12 시침핀을 하나씩 빼가며 라인을 찌르고 시접 부위도 모두 찔러 부착한다.

13 귀를 부착한 라인을 따라 양모를 길게 식모해 귀털을 보완한다.

14 귀 밑과 눈 밑을 V라인으로 식모해 결 방향대로 정리한다.

15 눈 밑 털을 바늘로 살살 찔러 정리한다.

16 코 위치와 인중에 검은색 양모를 찔러 붙인다. 코는 잠시 뺏다가 식모가 끝난 후 다시 끼워 넣는다.

17 아래턱과 위턱에 V라인으로 식모한다. 위턱의 털은 코를 중심으로 펼쳐 둔다.

18 주둥이 털을 다듬어 자른 후 검은색 양모로 입라인을 표현한다.

19 양모를 길게 잡아 뒤통수부터 정수리까지 무늬대로 V라인 심기를 한다.

20 정수리와 앞이마 면적은 무늬에 맞춰 양모를 길게 잘라 심는다.

21 눈꼬리에서 앞머리 방향으로 눈꺼풀을 V라인으로 채워 심는다.

  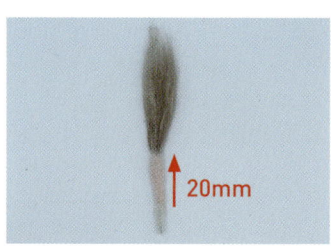

22 고무줄로 머리를 묶고 다듬어 자른다.

23 꼬리심을 만든다.

24 꼬리털을 땋아 끝부분을 바늘로 찔러 고정하거나 고무줄로 묶는다.

25 꼬리심에 양모를 V라인으로 식모한다. 연결할 끝쪽은 조금 남겨 둔다.

26 꼬리를 꽂아 넣고 둘레에 핑크색 양모를 둘러 바늘로 찔러 고정한 후 연결 부위에 식모한다.

poodle
푸들

완성 사이즈 약 20cm(키)

모델 : 쁘네 loveat.8

		메인	선택
양모	형태	회색 또는 아이보리색	양모솜
	털	회색 웨이브 아이보리색 웨이브 회색 진회색 아이보리색	컬리울
	피부 베이스	핑크색	
	눈, 입라인, 발바닥 패드	검은색	

도구 및 기타 재료

1구 바늘(초기, 마무리 작업용), 3구 또는 5구 바늘

눈 한 쌍(8~9mm), 코(8mm), 철사, 모루

쪽가위, 송곳, 펜치, 접착제, 자

【 기본 형태 사이즈 】

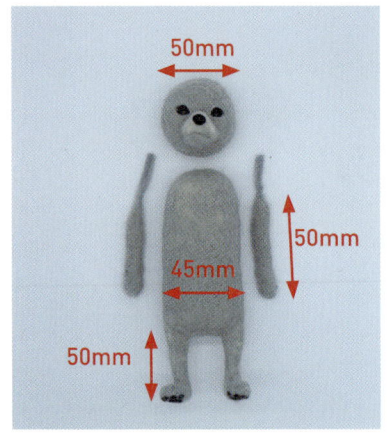

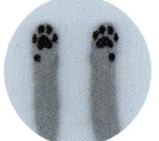

기본 형태 만들기(204쪽)를 참고하여 만든다.

【 털 표현하기 】

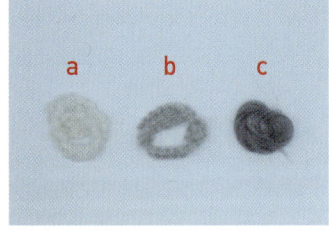

1 아이보리색(a)과 회색 웨이브(b) 그리고 진회색(c)의 베이직 양모를 준비한다.

2 다리에 V라인 심기를 한다. 발 끝엔 (a, b)를 섞어 심고, 중간엔 (b)를, 맨 위쪽엔 (b, c)를 섞어 심는다. 컬리올을 조금 섞어 심으면 좀 더 리얼한 표현이 가능하다. 기본 테크닉-털 표현(34쪽)

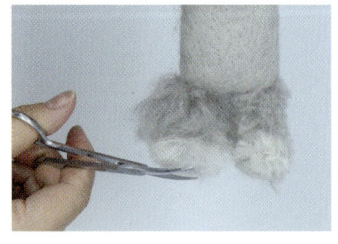

3 적당한 길이로 잘라 정리한다.

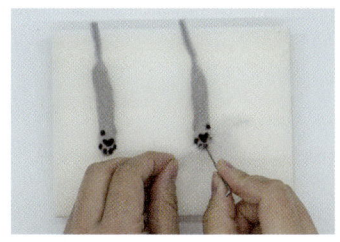 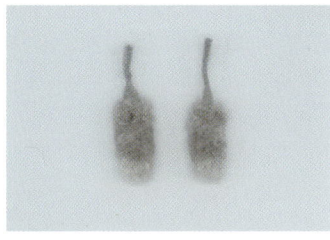

4 양쪽 팔도 (a, b, c)를 적당히 섞어 V라인으로 식모한다. 연결할 부위는 조금 남겨둔다.

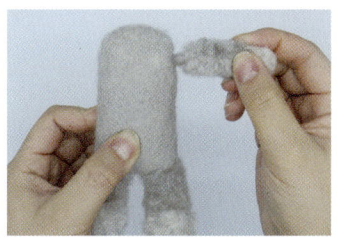  

5 몸통에 구멍을 내 팔을 끼운 후 양모를 둘러 바늘로 찔러 고정한다.

6 연결 부위를 V라인 심기로 채우고 다듬는다.

  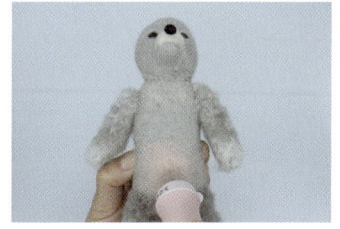

7 모루로 얼굴과 몸통을 연결하고 양모를 둘러가며 찔러 단단히 고정한다.

8 배에 핑크색 양모를 찔러 붙인다.

9 몸통을 V라인으로 식모한다. 회색 웨이브를 심되 아랫배엔 아이보리색 웨이브를 섞어 심는다.

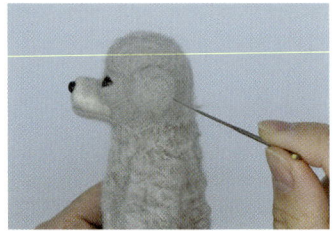  

10 회색 양모를 동그랗게 얹어 찔러 귀 모양을 만든다.

11 눈 앞머리에 핑크색 양모를 소량 찔러 부착한다.

12 회색 양모로 양 볼과 눈 밑에 V라인 심기를 한다.

13 아이보리색에 회색 양모를 섞어 위턱에 V라인으로 식모한 후 코를 중심으로 퍼져 나가게 펼쳐 다듬는다. 위턱은 곱슬 느낌이 적기 때문에 베이직 양모를 사용한다.

14 아래턱도 V라인으로 심어 정리하고 검은색 양모를 가늘게 뽑아 입라인을 찔러 표현한다.

15 회색 웨이브 양모(ㄱ)와 회색(ㄴ), 진회색(ㄷ) 양모를 적당히 섞은 후 조금씩 말아 준비한다.

16 섞은 웨이브 양모로 귀를 제외한 얼굴의 남은 면적을 V라인으로 채워 심는다.

  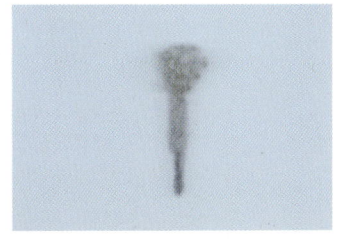

17 양쪽 귀도 촘촘하게 V라인으로 심은 후 다듬는다.

18 회색 웨이브 양모로 꼬리심을 만든다. 부위별 만들기-꼬리심(95쪽)

19 회색 웨이브 양모를 적당한 길이로 자른 후 반씩 나눠 전체를 V라인으로 식모하고 다듬는다.

20 송곳으로 구멍을 뚫어 꼬리를 끼워 넣고 양모를 둘러 찔러 고정한다.

bichon frise
비숑 프리제
~~~~~~~~

완성 사이즈 약 20cm(키)

모델 : 솜이 somm_1004

	메인		선택	
형태		아이보리색(얼굴)		양모솜
		핑크색(몸통)		
털		아이보리색 웨이브		컬리울
눈, 입라인, 발바닥 패드		검은색		

도구 및 기타 재료 1구 바늘(초기, 마무리 작업용), 3구 또는 5구 바늘
눈 한 쌍(8~9mm), 코(8mm), 철사, 모루
쪽가위, 송곳, 펜치, 접착제, 자, 클리퍼

【 기본 형태 사이즈 】

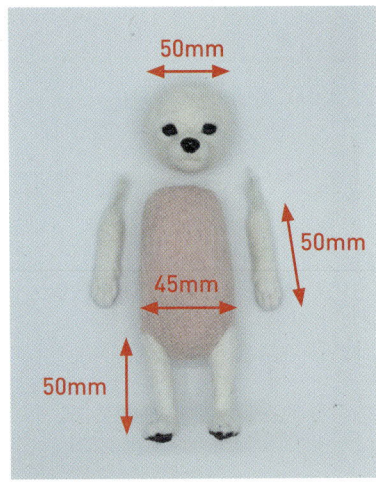

기본 형태 만들기(204쪽)를 참고하여 만든다.

【 털 표현하기 】

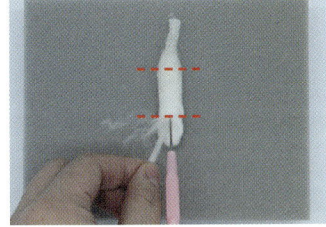

1 아이보리색 웨이브 양모를 2~3가닥으로 나눠 양팔에 촘촘하게 V라인으로 식모한다. 손등에서 어깨 방향으로 심어 올린다. 손끝과 몸통에 연결할 부위는 심지 않고 조금 남겨둔다. 기본 테크닉-털 표현(34쪽)

2 솜사탕처럼 동그랗게 다듬어 정리한다. 클리퍼가 없다면 가위로 잘라도 된다.

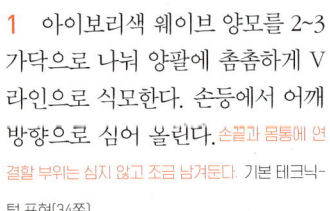

3 동일한 방법으로 양쪽 다리도 식모하고 미용한다.

4 몸통에 구멍을 내 팔을 끼워 넣고 둘레에 양모를 둘러 바늘로 찔러 고정한다.

5 반대쪽 팔도 같은 방법으로 고정한다.

6 얼굴과 몸통을 모루로 연결한다. 핑크색 양모를 얹어가며 찔러 고정한다.

7 아이보리색 웨이브 양모를 몸통 전체에 2~3mm 간격으로 식모한다. 가닥을 나누지 않고 약 30mm 길이로 잘라 그대로 심는다.

  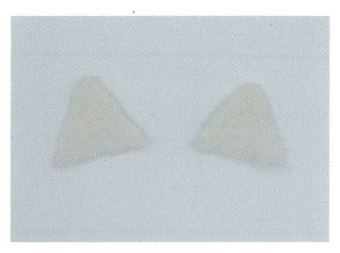

8 핑크색이 살짝 비치도록 적당한 길이로 잘라 정리한다.

9 아이보리색 양모로 귀심 한 쌍을 만든다. 부위별 만들기-귀심(90쪽)

10 귀를 직립한 상태로 임시 고정한 뒤 시침핀을 하나씩 빼가며 충분히 찔러 부착한다.

11 귀를 내리고 바늘로 살살 찔러 접힌 귀 모양으로 만든다.

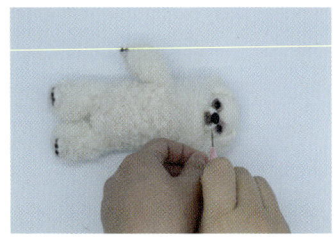 

12 아래턱, 눈 밑, 위턱에 아이보리색 웨이브 양모를 서너 가닥으로 나눠 V라인 심기를 한다. 인중에는 검은색, 눈가에는 핑크색 양모를 부착한 후 심으면 좀 더 리얼한 표현이 가능하다.

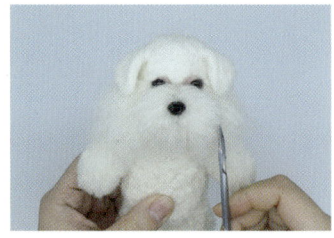 

13 위턱의 털은 코 중심으로 가르마를 타 다듬고 검은색 양모로 입라인을 표현한다.

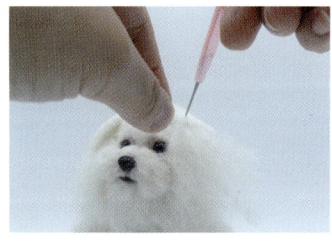 

14 양쪽 귀에 아이보리색 웨이브 양모를 V라인으로 식모한다. 귀 끝에서 귀뿌리 방향으로 심어 올라간다.

15 뒤통수부터 앞이마까지도 V라인으로 심어 채운다.

16 동그란 형태로 자르고 다듬는다.

17 위 눈꺼풀에도 V라인으로 식모한다. 눈꼬리부터 앞머리로 심어 간다.

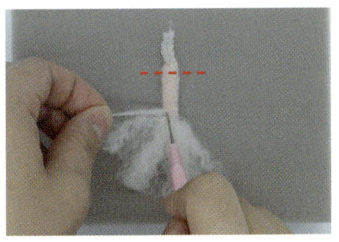

18 핑크색 양모와 아이보리색 웨이브 양모로 꼬리심을 만든다. 부위별 만들기-꼬리심(95쪽)

19 아이보리색 웨이브 양모를 서너 가닥으로 나눠 V라인으로 식모한다. 연결할 부위는 심지 않고 남겨둔다.

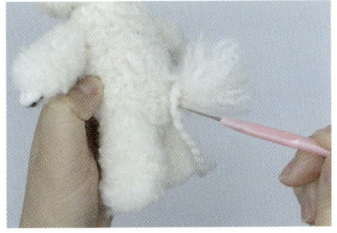

20 엉덩이에 구멍을 내 꼬리를 끼우고 아이보리색 웨이브 양모를 둘레에 둘러 찔러 고정한다.

스탠딩 인형 소품 만들기

사람처럼 변신한 인형에 조금 더 생기를 불어 넣어줄 차례. 상상력을 마음껏 발휘해 우리 강아지 인형을 꾸며 보세요. 양모만으로도 얼마든지 신발과 옷을 만들 수 있습니다. 간단한 재료를 더해 작은 액세서리도 만들어 봅니다.

▼ 양모 신발 만들기

준비물

점토
양모 원단(소프트펠트지로 대체 가능)
양모
신발 밑창
리본 끈

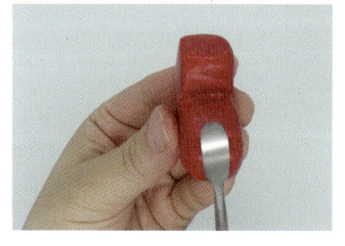

1 점토로 발 모양을 만들어 굳힌다. 크기는 인형 발 사이즈보다 조금 더 크게 만든다.

2 발 모양의 점토를 종이에 올려 발바닥 라인을 따라 그린 후 자른다.

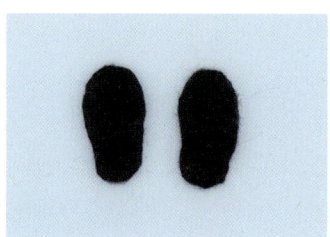
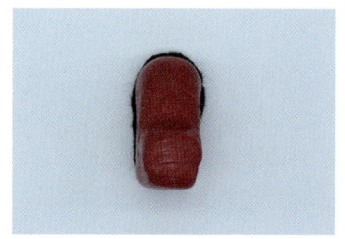

3 둘레에 1mm 정도 여분을 더해 양모 원단을 자른다.

4 자른 양모 원단 한 장을 발 모양 점토 밑에 깔아둔다.

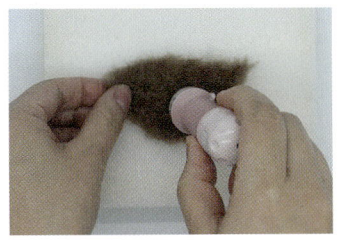 

5 양모를 펠팅해 반원 모양으로 만든다. 두께는 약 2~3mm면 적당하다. 베이식울보다 이미 펠팅된 양모를 사용하면 보다 빠른 작업이 가능하다.

6 양모로 점토 발등을 감싸 잡은 후 양 옆면의 밑단을 양모 원단에 찔러 고정한다.

7 앞코 부위도 주름을 잡아가며 모아 찔러 원단에 연결한다. 원단에서 양모 방향으로도 찔러 단단히 고정한다.

8 바늘이 부러지지 않도록 유의해 가며 발등의 양모를 살살 찔러 다듬는다.

9 이번엔 양모를 긴 직사각 형태로 다져 만든다.

10 앞서와 같은 방식으로 먼저 중심을 뒤꿈치의 양모 원단에 고정한 후 발바닥 라인을 감싸도록 찌른다.

 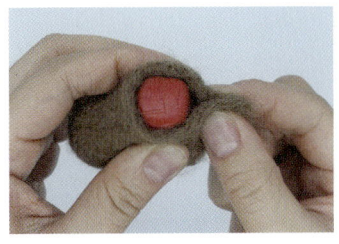

11 직사각형의 패치를 하나 더 다져 만들되 한쪽 라인(입구가 될 부분)은 매끈해지도록 신경써 찌른다.

12 점토의 발목을 둘러 위치를 잡는다.

13 겹쳐 만나는 부분부터 찔러 고정한 후 나머지 부분들도 연결되도록 찌른다.

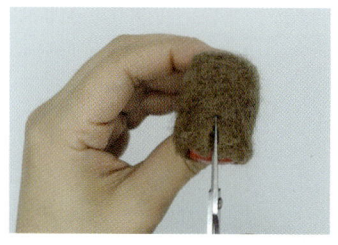  

14 뒷면 중앙을 20mm 정도 자른 후 발 모형 점토를 조심스럽게 빼낸다.

15 자른 부위가 단단해지도록 펠팅한다.

16 신발 전체를 다듬어 찔러 간다. 커진 사이즈를 줄여가며 단단하게 마무다 자투리 스펀지를 넣고 작업하면 좀 더 쉽게 할 수 있다.

17 앞쪽 발목 부분을 찔러 주름선을 만든다.

18 신발 뒷면에 돗바늘로 리본을 끼워 넣어 장식한다.

 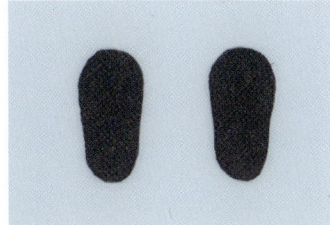

19 발 사이즈대로 밑창을 잘라 준비한다.

20 밑창을 본드로 붙여 완성한다.

∨ 양모 조끼 만들기

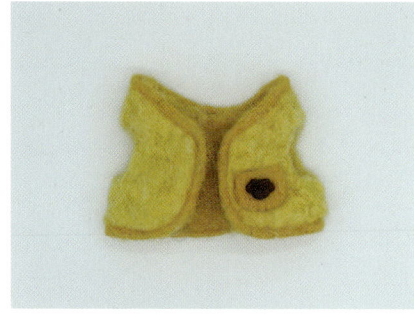

준비물

양모 원단
노란색 스코드울
울로프
양모 미니 단추

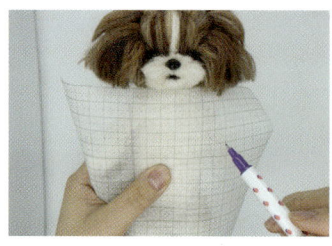

1 패턴지(또는 키친타올)를 대고 대략적인 조끼 사이즈를 표시한다.

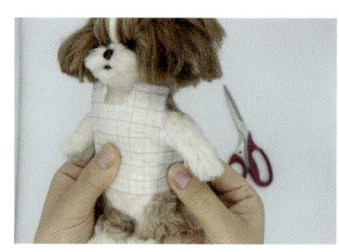

2 가이드 선대로 잘라 몸통에 대가면서 조끼 패턴 모양(앞과 뒤 동일)을 조정해간다.

3 패턴대로 양모 원단을 두 장 자른다. 앞판과 뒤판이 된다.

4 노란색 스코드울 양모로 어깨선과 옆구리 선을 펠팅해 고정한다.

5   앞판은 중앙선을 잘라 나눈다.

6   모델 인형에 입혀보고 크기를 확인한다. 크면 자르고, 작으면 다음 단계에서 양모로 연장한다.

7   노란색 양모를 겉면 전체에 찔러 부착한다.

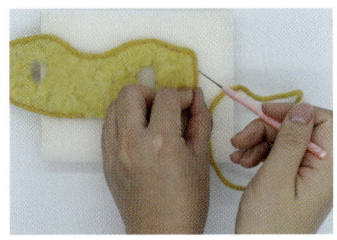

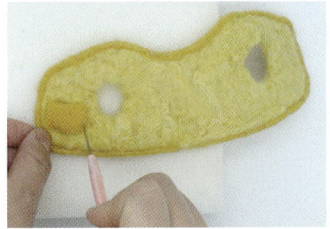

8   가장자리 선을 울로프를 둘러 찌른다.

9   양모 원단을 주머니 모양으로 자른다.

10   앞면에 올려 바늘로 찔러 고정한다.

11   미니 단추를 달아 장식한다.

▼ 미니 카메라 만들기

준비물

폴리머클레이 또는 일반 점토
에어밸브캡
파츠장식
가죽끈
금속체인
고리
O링

1 폴리머클레이로 네모 형태의 본체 모양을 만들어 빚는다.

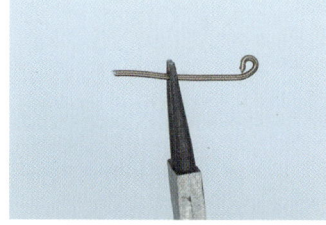

2 와이어 끝을 구부려 본체 양쪽 옆면에 꽂아 넣은 후 오븐에서 굳힌다.

3 렌즈와 유사한 느낌의 에어밸브캡을 부착한다.

4 파츠장식도 부착해 버튼처럼 꾸민다.

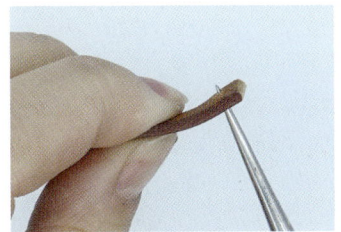 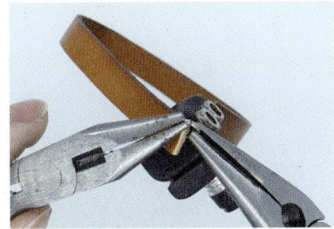

5 송곳으로 가죽끈에 구멍을 뚫고 옆면 고리에 O링으로 연결한다.

6 가죽끈 중심을 자른 뒤 길이 확인 후 연결고리를 달아 준다.

7 렌즈에는 아크릴바니쉬 또는 투명 네일폴리쉬를 발라 반짝이게 표현한다.

V_ 양모 가방 만들기

준비물

양모 원단
지퍼
가죽끈
금속체인
고리
O링

1 만들고자 하는 가방 사이즈보다 두 배 긴 길이로 양모 원단을 자른다.

2 가방 폭보다 조금 길게 자른 지퍼 한쪽에 글루건으로 양모 원단을 부착한다.

3 반을 접듯 원단을 구부려 반대쪽도 지퍼에 부착한다.

4 가방 옆면보다 넉넉하게 큰 사이즈로 양모 원단을 잘라 준비한다.

5 가방 본체 옆 라인에 글루건을 발라 잘라놓은 원단을 부착한다.

6 남은 부위는 가위로 잘라낸다.

 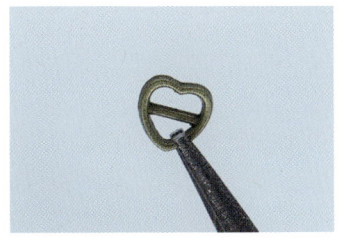

7 자른 단면은 바늘로 살살 찔러 깔끔하게 만든다.

8 가방 양쪽 옆면에 바느질로 가방 고리를 달아 준다.

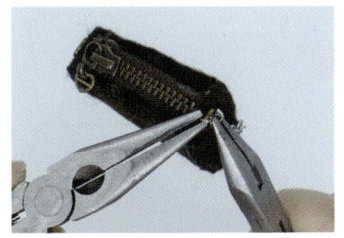  

9 고리에 체인을 연결한다.

10 귀여운 장식을 달아 완성한다.

다양한 소품

늘 나와 함께 해~ 작은 소품으로 만들기
간단한 재료와 도구만 있어도 OK!
늘 함께 하고픈 우리 강아지를 키링 또는 브로치로 만들어 보세요
동그랗게, 혹은 납작하게 만드는 방법을 토대로 다양한 소품으로 응용해 봐도 좋습니다.

Needle Felt
동그랗게 만든 푸들 키링

완성 사이즈 얼굴 지름 5cm 내외

사용한 재료   아이보리색 양모 10g, 베이지색 웨이브 양모 5g, 검은색 양모 약간
나사형 눈 7mm(검은색 양모로 대체 가능)
9자핀 또는 철사, O링, 키링, 장식 스트랩

도구   스펀지, 1구 바늘(초기 작업용, 마무리 작업용), 송곳, 펜치, 쪽가위, 접착제, 수성펜

 바늘이 부러질 수 있으니 꼭 스펀지 위에 올려놓고 작업한다.
특별한 표기를 제외하고는 모두 초기 작업용 1구 바늘을 사용한다.

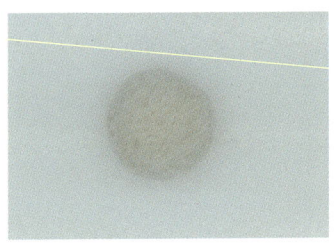 

1   아이보리색 양모로 지름 40mm 의 베이스 구를 만든다.

2   웨이브 양모에서 검은색 실 두 가닥을 차례로 제거한다.

3   1구 바늘로 웨이브 양모를 구 전체에 감싸 찌른다. 곱슬 느낌이 적당히 살아있도록 부착하는 게 포인트이다.

4   구 중심에 송곳으로 길을 낸 후 9자 핀을 끼운다.

  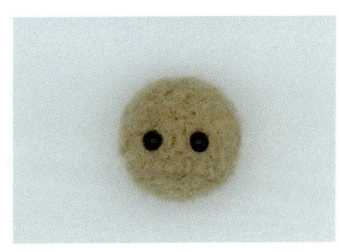

5   아래로 나온 9자핀을 펜치로 둥글게 굴린 후 양모를 덮어 찔러 가린다.

6   구멍을 내 눈을 끼워 넣는데 이때, 9자핀을 중심으로 대칭이 되도록 한다.

7   웨이브 양모를 얹어 바늘로 찔러가며 주둥이 형태로 쌓아 올린다.

8   검은색 양모를 가늘게 뽑아 찔러 코와 입 모양을 표현한다.

9 웨이브 양모를 펠팅해 물방울 모양의 귀를 두 개 만든다.

10 귀 윗머리를 눈 옆 라인에 부착한 후 둘레도 모두 찔러 단단히 부착한다.

11 이마가 볼록해지게 볼륨을 넣고, 전체적 모양을 점검한다.

12 9자핀에 O링과 열쇠고리를 연결하고 장식품으로 꾸며 완성한다.

Needle Felt
동그랗게 만든 양모펜

완성 사이즈 얼굴 지름 5cm 내외

사용한 재료	누드볼펜, 햄프사 양면테이프, 리본 등 장식
도구	쪽가위, 글루건

 바늘이 부러질 수 있으니 꼭 스펀지 위에 올려놓고 작업한다.
특별한 표기를 제외하고는 모두 초기 작업용 1구 바늘을 사용한다.

1 반려견을 닮은 얼굴을 만든다. 크기는 약 지름 50mm로 한다.

2 누드볼펜을 위쪽 15mm만 남겨두고 양면테이프를 길게 붙인 후, 햄프사로 깔끔하게 감는다.

3 쪽가위를 이용해 얼굴 밑을 십자 모양으로 깊이 자른다.

4 남겨둔 누드볼펜 윗면에 글루건을 충분히 바른 후, 구멍에 밀어 넣어 고정한다.

5 리본 등 미니 장식품을 달아 완성한다.

Needle Felt

납작하게 만든 시바 브로치

완성 사이즈 얼굴 지름 5cm 내외

사용한 재료 아이보리색 양모 3g, 황갈색 양모 1g, 흰색 양모 1g, 검은색 양모 약간
소프트펠트지, 나사형 눈 5mm(검은색 양모로 대체 가능)
원형 브로치 핀

도구 스펀지, 1구 바늘(초기 작업용, 마무리 작업용), 글루건, 가위, 쪽가위, 수성펜

 바늘이 부러질 수 있으니 꼭 스펀지 위에 올려놓고 작업한다.
특별한 표기를 제외하고는 모두 초기 작업용 1구 바늘을 사용한다.

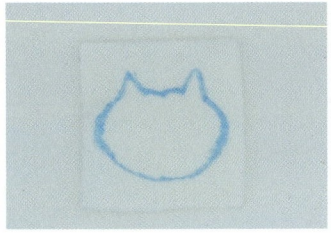  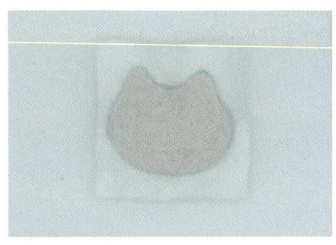

1 소프트펠트지를 가로세로 약 70mm 크기로 준비해 시바 얼굴 모양을 그려 넣는다.

2 가이드 선 안쪽에 아이보리색 양모를 조금씩 올려 1구 바늘로 찔러 부착한다.

3 반복해 가며 펠팅해 10mm 두께로 고르게 채워 올린다. 중간중간 펠트지가 달라붙지 않도록 한 번씩 떼 낸다.

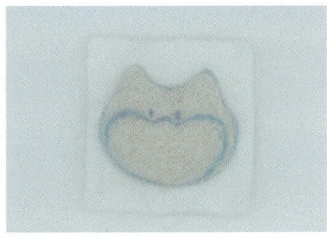 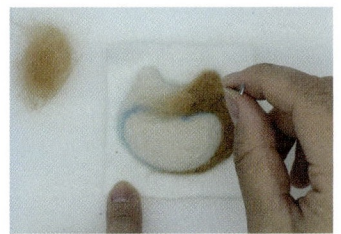

4 완성된 형태에 무늬 선을 그려 넣는다.

5 황갈색 양모의 결을 없앤 후, 조금씩 올려 부착해 간다.

6 안쪽 면은 흰색 양모로 채운다. 주둥이 부위 높이를 살짝 높여줘도 좋다.

7 옆면까지 색이 잘 입혀졌는지 확인한 후 가장자리를 따라 펠트지를 바짝 잘라낸다.

8 구멍을 뚫어 눈을 끼우고, 코와 입은 가이드 선을 그려 넣은 후 검은색 양모를 찔러 표현한다.

9 흰색 양모를 조금씩 찔러가며 귀와 눈썹 모양을 만든다.

10 얼굴의 바늘 자국은 살살 긁어 없애고 글루건으로 브로치를 달아 완성한다.

Needle Felt
납작하게 만든 마그넷

완성 사이즈 얼굴 지름 5cm 내외

사용한 재료   네오디움 자석

도구   스펀지, 1구 바늘, 글루건

 바늘이 부러질 수 있으니 꼭 스펀지 위에 올려놓고 작업한다.
특별한 표기를 제외하고는 모두 초기 작업용 1구 바늘을 사용한다.

1 지름 50mm 내외 크기로 반려견을 닮은 얼굴을 만든다.

2 네오디움 자석에 글루건을 발라 얼굴 뒷면에 부착한다.

3 자석이 떨어지지 않도록 양모를 얇게 덮어 올려 찌른다.

4 바늘이 자석에 닿아 부러지지 않도록 주의하며 완전히 덮어 가린다.